DA "TENTATIVA POSSÍVEL"
EM DIREITO PENAL

MARIA FERNANDA PALMA

DA "TENTATIVA POSSÍVEL" EM DIREITO PENAL

ALMEDINA

DA "TENTATIVA POSSÍVEL"
EM DIREITO PENAL

AUTOR
MARIA FERNANDA PALMA

EDITOR
EDIÇÕES ALMEDINA, SA
Rua da Estrela, n.º 6
3000-161 Coimbra
Tel: 239 851 904
Fax: 239 851 901
www.almedina.net
editora@almedina.net

PRÉ-IMPRESSÃO • IMPRESSÃO • ACABAMENTOS
G.C. GRÁFICA DE COIMBRA, LDA.
Palheira – Assafarge
3001-453 Coimbra
producao@graficadecoimbra.pt

Junho, 2006

DEPÓSITO LEGAL
243802/06

Os dados e as opiniões inseridos na presente publicação
são da exclusiva responsabilidade do seu autor.

À minha Mãe

PREFÁCIO

Publica-se, agora, o texto correspondente à Lição que proferi no âmbito das provas de agregação realizadas em 12 e 13 de Dezembro de 2005 na Universidade de Lisboa. Precede esse texto um estudo sobre o problema que constitui uma espécie de trabalho preparatório. No final, apresento uma bibliografia geral que abrange os autores citados nos dois textos. No texto dessa Lição, esforcei-me por focar o momento crucial do pensamento penal sobre a tentativa, na confluência entre as figuras da tentativa "suficientemente" possível e a tentativa impossível. Procurei, igualmente, um ritmo discursivo que suscitasse a cumplicidade do leitor. Fiz várias referências extra-jurídicas[*], procurando uma compreensão dos problemas jurídico-penais num mundo cheio de significados e de lógicas narrativas éticas e estéticas. É estabelecendo pontes entre o Direito e

---

[*] Utilizei, assim, o quadro de René Magritte, *Tentative de l'impossible*, 1928, em que o pintor, considerado surrealista, parece representar-se a si mesmo completando o corpo de uma mulher "real" com o pincel, numa transferência entre o acto criativo e a realidade.

as outras compreensões da realidade que se alarga a própria visão jurídica do mundo, como um meio de produzir a partir da multiplicidade de sentidos da realidade, sentidos de justiça mais abrangentes.

Inerente a todo esse ensaio está a ideia de que no Direito há, na essência, uma arte performativa que como todas as artes procura a autenticidade e a satisfação do interlocutor.

Da "tentativa possível" em Direito Penal

(Versão escrita preparatória da Lição proferida nas provas de agregação em Direito realizadas, em 12 e 13 de Dezembro de 2005, na Universidade de Lisboa)

I
Do paradoxo de Abraão
ao problema da tentativa em Direito Penal

Lê-se no Livro do Génesis[1] que Deus ordenou a Abraão que sacrificasse o seu filho Isaac. Abraão dirigiu-se, como Deus lhe mandara, à Terra de Moriah, atou Isaac e colocou-o sobre o altar. Depois, "estendendo a mão, agarrou no cutelo para degolar o filho". Entre as silvas apareceu então um cordeiro para o sacrifício e Abraão compreendeu, ouvindo a voz de um anjo, que Deus não queria o sacrifício de Isaac, mas apenas experimentar a sua fé.

No *Elogio a Abraão*[2], KIERKEGAARD assinala que Abraão, a quem Deus concedera a felicidade tardia de gerar Isaac para disseminar a sua descendência sobre a Terra, seguiu o caminho indicado por Deus e "durante todo esse tempo conservou a fé, acreditou que Deus não lhe queria exigir Isaac, estando, no entanto, disposto a sacrificá-lo se tal fosse indispensável. Acredi-

---

[1] *Livro do Génesis*, 22:1-19.

[2] KIERKEGAARD, Sören, "Elogio de Abraão", em *Temor e Tremor*, 1843 (trad. port. de Maria José Marinho), 2.ª ed., 1990, p. 29 e ss..

tou no absurdo, porque tal não faz parte do humano cálculo. O absurdo consiste em que Deus, pedindo-lhe o sacrifício, devia revogar a sua exigência no instante seguinte. Trepou a montanha e, no momento em que a faca faiscava, acreditou que Deus não lhe exigira Isaac".

Do paradoxal significado religioso[3] [4] que envolve o comportamento de Abraão desçamos para o plano do

---

[3] É interessante confrontar a interpretação de KIERKEGAARD com o pensamento judaico que tende a remeter para o plano da pertença a Deus do ser humano o trecho bíblico [cf. LEVENSON, John D., "The Death and Ressurection of the Beloved Son", *The Transformation of Child Sacrifice in Judaism and Christianity*, 1993, p. 125 e ss.. Assim, diz o autor, "The aquedah is not only about the aversion of a child sacrifice. It is also about the profound and sublime meaning in the cultic norm that the beloved son belongs to God" (p. 142). Por outro lado, a interpretação deste autor orienta-se para a tese de que Isaac podia ser adulto e ter consentido no sacrifício].

O recurso às interpretações religiosas, tal como o estudo dos mitos, não tem sido procurado pelo pensamento jurídico, embora tais experiências sobre o sentido dos actos possam constituir uma base para a compreensão do próprio pensamento jurídico, também ele cheio de simbolismos ancestrais, ligados ao crime e à pena. Aliás, a configuração de certas experiências trágicas no Direito Penal, como os casos de aborto, eutanásia e conflito de deveres de igual e primordial importância, reclama uma análise do Direito em conjugação com aqueles domínios.

[4] Cf. ainda, com muito interesse, o desafio de RANKE-HEINE-MANN, *Nein und Amen, Anleitung zum Glaubenszweifel*, 1992, considerando que, se o Antigo Testamento rejeitou o sacrifício de crianças (no caso de Isaac), o Novo Testamento terá erigido o sacrifício do filho como cerne do cristianismo (cf. p. 352).

Direito Penal. Abraão deveria ser punido? É certo que não matou Isaac. Mas terá tentado fazê-lo?

Se *A* e *B* sequestrarem *C* para utilizarem o seu cartão multibanco e posteriormente o conduzirem à Ponte sobre o Tejo[5] para o lançarem ao rio, mas *B* se recusar, *in extremis*, a praticar tal acto, promoverá o "absurdo" de evitar o "sacrifício" de *C* que lhe seria útil (para garantir a impunidade). Noutro caso, se *A* encostar uma arma ao coração de um polícia, *B*[6], e premir o gatilho para não ser denunciado pela prática de um roubo, mas, apesar de a bala ter sido "picada", a arma não tiver disparado, sem que *A* tente novo disparo, o absurdo introduzir-se-á também na narrativa. O mesmo sucederá ainda se *A,* no momento em que iria disparar contra *B,* sofrer uma paralisia súbita[7].

A autora defende, em contraposição, a perspectiva de um Deus da vida e não da morte.

Neste contexto de crítica religiosa, o comportamento de Abraão poderia representar a descoberta pelo ser humano, através da experiência do mal, do próprio bem. Do ponto de vista penal, esta ideia sugere a desrazoabilidade de qualquer equiparação entre a tentativa e a consumação, bem como da excessiva antecipação da tutela penal.

[5] Cf. Acórdão do Supremo Tribunal de Justiça de 18-6-2002, proc. n.º 03P4255 (Relator: PEREIRA MADEIRA), *in* http://www.dgsi.pt, 24-10-2005

[6] Cf. Acórdão do Supremo Tribunal de Justiça de 3-10-2003, proc. n.º 02P2708 (Relator: CARMONA DA MOTA), *in* http://www.dgsi.pt, 24-10-2005.

[7] Caso sugerido por DUFF, R. A., *Criminal Attempts*, 1996, p. 279 e ss..

Começa aqui a nossa perplexidade: a partir de que momento há um crime tentado pelo qual o agente merece ser punido? *Quando*, *como* e *porquê* se decreta a punibilidade da tentativa? Não há um absurdo em toda a frustração? Ou será a frustração inevitável *ab initio*? Por que não punir a tentativa de modo idêntico à consumação se a não consumação é, afinal, obra do acaso ou do absurdo? Por que punir a tentativa se a consumação poderá estar (ou estará sempre) destinada a não se concretizar?

Os dois primeiros casos, despojados da grandeza enigmática da história de Abraão, ocuparam os nossos tribunais criminais. O terceiro corresponde à hipótese concebida por DUFF. De todo o modo, algo difícil de explicar interrompeu o curso dos acontecimentos ou impediu o desfecho sempre trágico da morte de uma pessoa. *Quid juris*?

II
A tentativa na teoria do crime:
o problema do fundamento da punição
da tentativa ante o Direito Penal do facto

a) *O problema do fundamento da punição da tentativa: sua formulação*

1. Não sendo um dogma, e muito menos uma irreversível aquisição histórica, a distinção entre crime tentado e consumado é consagrada pelo Direito português, à imagem do que sucede em outras ordens jurídicas. Entre nós, o crime tentado beneficia de uma atenuação especial obrigatória e só é punível, em regra, quando ao crime consumado corresponder pena de prisão superior a três anos[8].

---

[8] A pena é objecto de atenuação especial obrigatória e não apenas facultativa como sucede, por exemplo, no Código Penal alemão (§§ 22 e 23 do StGB). Desta diferença resultam importantes consequências dogmáticas que impedem qualquer transposição automática da discussão doutrinária germânica para o caso português. Se a penalidade da tentativa pode ou não ser atenuada, assume-se uma mais intrínseca ligação entre os ilícitos dos crimes tentado e consumado. Por outro lado, da atenuação obrigatória derivam importantes consequências para a concepção

A esta última solução subjaz, todavia, um fundamento controverso. Tentar um crime (tentar matar uma pessoa) e consumá-lo (matá-la) não deverão ter idêntico merecimento numa perspectiva de ilicitude e de culpa? E, opostamente, por que razão de ilicitude e de culpa deve ser punido quem se limita a tentar, se nada de lesivo acontecer?

Estas perguntas são influenciadas pela contraposição entre uma ética da acção e uma ética dos bens e das consequências da acção[9]. Por outras palavras: o merecimento e o desvalor residem na acção, independentemente do seu resultado, ou dependem da produção de eventos lesivos ou de danos para os bens?

Se em Direito Penal prevalecesse, em termos de exclusividade, uma lógica de desvalor da acção, a tentativa constituiria a forma nuclear do ilícito; se prevalecesse uma lógica de desvalor do resultado levada ao extremo, assente na exigência de dano, a tentativa jamais atingiria a dignidade de ilícito criminal.

---

dos elementos constitutivos do ilícito penal. O resultado e o seu desvalor são dificilmente concebíveis como elementos secundários ou razões acidentais da configuração do ilícito. Também a questão de saber se a atenuação obrigatória é constitucionalmente imposta, em nome dos princípios da necessidade e da proporcionalidade da pena, pode encontrar diferente formulação.

[9] Cf. sobre tal contraposição von WRIGHT, Georg Henrik, em *Varieties of Goodness*, 1963, p. 114 e ss., e a discussão sobre o conceito de bem em TUGENDHAT, *Vorlesungen über Ethik*, 1993, p. 49 e ss..

Qualquer resposta material a esta controvérsia reclama, no entanto, o prévio esclarecimento do conceito de tentativa. Levar uma pessoa para um local em que irá ser assassinada é já tentativa de homicídio? Pôr a mão no bolso de alguém, que afinal estava vazio, para de lá retirar dinheiro corresponde a uma tentativa de furto[10]? Sem tal esclarecimento, não estará definido o objecto da questão sobre o fundamento da punibilidade da tentativa.

b) *A análise lógica do conceito de tentativa como pressuposto do fundamento da sua punibilidade*

2. Há dois modos de definir a tentativa: através da determinação do momento de um processo em que se ultrapassou a mera intenção (abstraindo, por agora, da distinção entre actos executivos em sentido estrito e actos preparatórios, em regra não puníveis[11]) ou como

---

[10] É tentativa de tráfico de estupefacientes uma pessoa oferecer dinheiro a outra para que lhe venda droga quando esta a não possui? É tentativa de corrupção alguém oferecer dinheiro a um polícia que está a intervir, não para investigar um crime mas como co-autor de um furto, numa operação de venda de roupa contrafeita? Cf. Acórdão do Supremo Tribunal de Justiça de 23-06-1994, proc. n.º JSTJ00037033 (Relator: Sá Ferreira), *in* http://www.dgsi.pt, 24-10-2005.

[11] O artigo 21.º do Código Penal determina que os actos preparatórios não são puníveis, salvo determinação em contrário.

a definição de uma qualidade de um comportamento (na perspectiva da possibilidade de consumação). O conceito de tentativa poderá ser encarado, desde logo, numa perspectiva de itinerário para a consumação e sua interrupção. Em segundo lugar, o conceito relevará numa óptica de veracidade ou falsidade da descrição de um facto como tentativa[12]. A primeira perspectiva está tradicionalmente associada à distinção entre actos preparatórios e executivos e a segunda à questão de saber se a tentativa impossível é uma verdadeira tentativa.

Porém, a primeira abordagem pressupõe já resolvida a questão suscitada pela segunda. A concepção da tentativa como interrupção de um processo não dependerá, na verdade, da sua identificação como processo de realização de um determinado facto? Tentar é des-

---

Concretizando esta ressalva, o artigo 344.º do Código Penal decreta a punibilidade dos actos preparatórios de vários crimes contra o Estado, outro tanto sucedendo com os actos preparatórios da constituição de organizações terroristas, por força do n.º 4 do artigo 2.º da Lei n.º 52/2003, de 22 de Agosto. De resto os próprios crimes de organizações terroristas e de associações criminosas (artigos 299.º do Código Penal e 28.º do Decreto-Lei n.º 15/93, de 22 de Janeiro) podem ser entendidos como formas de punição de actos preparatórios (de outros crimes), em sentido material.

[12] Cf. HART, em *Essays on Jurisprudence and Philosophy*, 1983 (essay 17: "The House of Lords Attempting the Impossible"), p. 367 e ss..

critível necessariamente como um processo consequente ou tem autonomia perante o facto consumado[13]?

Não se impõe uma resposta num plano ontológico
porque tentar e consumar são, antes do mais, modos de
descrever acções através da linguagem. E a linguagem
depende de uma intencionalidade de quem fala.

Tanto na perspectiva do itinerário como na óptica
da descrição válida de uma acção de certo tipo, a relevância penal da tentativa depende da configuração dos
comportamentos típicos pelo legislador. Assim, tentar
e consumar têm, como diz HART[14], um *objecto extensional* que pode ser definido pela descrição típica. Tal
objecto extensional é, na verdade, um determinado
aspecto da realidade, modificável pelo sujeito, de que
depende a identidade da acção. Mas a acção também
pode ser referida a um *objecto intensional*, isto é, ao
fim com que o sujeito concebe para si mesmo a sua
acção, o qual pode não coincidir com aquele *objecto
extensional*.

Tentar furtar procurando subtrair dinheiro do bolso
de uma pessoa corresponde a uma acção descritível em
função e a partir de um evento identificador dela desta-
cável – o desapossamento do dinheiro –, que constitui,

---

[13] Cf. DUFF, *ob.cit.*, p. 287 e ss., que relaciona toda esta
discussão com a filosofia da acção.

[14] Cf. HART, *text.cit.*, p. 377 e ss..

de acordo com o tipo legal de crime, o *objecto extensional* da acção de furtar. Mas também se poderá descrever a correspondente acção concreta como "meter a mão no bolso alheio" ou até mesmo "amedrontar outra pessoa".

A variação da descrição da acção implica que ela – a mesma acção – possa ser designada como tentativa ou como consumação. Tudo depende do modo como é identificado o objecto da acção segundo a descrição que dela fizermos.

A ideia clássica de tentativa pressupõe um tipo de descrição em que o *objecto extensional* se associa a uma relação causal entre a acção e um evento[15] destacado desta no espaço e no tempo, que surge como sua consequência. Mas, com pleno rigor lógico, são possíveis outras descrições desde que verbos como "matar" ou "subtrair", que reclamam um *objecto extensional*, sejam substituídos por verbos que se bastem com um *objecto intensional*[16]. Assim, por exemplo, "procurar" ou "investigar" requerem fundamentalmente um fim subjectivo.

---

[15] Cf. a definição exemplar de STRATENWERTH/KUHLEN, em *Strafrecht, Allgemeiner Teil*, 5.ª ed., 2004, p. 88.

[16] Cf. HART, *text.cit.*, p. 377. Segundo HART, os lógicos diriam que o objecto extensional é uma característica dos verbos transitivos, como matar ou ferir. As afirmações que utilizam estes verbos têm um objecto gramatical obrigatoriamente existente e verdadeiro num certo momento e lugar.

Quando nos confrontamos com o conceito de tentativa num plano lógico, temos de admitir que meras tentativas numa perspectiva de resultado substancial ou dano (*extensional*) podem ser concebidas como crimes consumados mediante uma descrição *intensional*, e que poderão existir descrições de acções sem *objecto extensional*, modificando a configuração da tentativa.

Mas ainda cabe perguntar, considerando a própria experiência da linguagem, se toda a acção consumada não é mais do que uma tentativa entendida como produto da vontade a que acresce um acontecimento causal que ultrapassa essa vontade ou se, pelo contrário, há uma prioridade lógica da consumação perante a tentativa, dependendo o próprio conceito de tentativa da experiência prévia de poder atingir a consumação[17].

---

[17] Discussão que, quanto a este ponto, DUFF, *ob.cit.*, p. 287 e ss., resolve afirmativamente, desfazendo o dogma de que o acaso apenas se manifesta para impedir a consumação. O autor evidencia o papel do acaso na própria tentativa. Assim, uma paralisia pode impedir o agente de tentar e não apenas de consumar. Deste modo, o "destino" ou o "absurdo" não comandariam apenas o resultado mas também a acção. Esta perspectiva refutaria a tese de que as tentativas são controladas pela vontade, suscitando a regressão aos actos básicos do objecto possível da vontade. Mas mesmo quanto às acções básicas DUFF argumenta que se pode conceber um momento objectivo-causal não controlável pela vontade. A tese de que (só) as acções básicas seriam expressão de vontade perderia, portanto, consistência. Por outro lado, o autor considera que as tentativas só são concebíveis a

c) *O problema da fundamentação da punibilidade da tentativa como legitimidade da intervenção penal e a concepção do ilícito criminal*

3. Mas justificar-se-á o recurso às figuras da tentativa e do crime consumado quanto a descrições típicas sem *objecto extensional*? A tipificação de crimes consumados que afinal são, noutra perspectiva, tentativas e de tentativas sem *objecto extensional* terá limites? Haverá conceitos materiais de consumação e tentativa que se imponham em Direito Penal[18]?

Não é possível responder a estas interrogações sem nos confrontarmos com o conteúdo possível do ilícito penal, o que, em termos descodificados, equivale a perguntar quando se justifica proibir um comportamento ou considerar violada uma norma, restringindo a liberdade de acção do agente.

---

partir da experiência anterior de uma consumação normal de acções idênticas. A acção consumada corresponde ao modo de descrever uma acção tendo em atenção os seus fins essenciais e numa perspectiva de sistema. Neste caso, o Direito Penal exigiria a descrição de acções consumadas numa lógica de dano e de culpa.

[18] Cf. a discussão travada por HUSAK, Douglas N., em "The Nature and Justificability of Nonconsummate Offenses", *Arizon Law Review*, 1995, p. 151 e ss.. Cf. também BECK, Wolfgang, *Unrechtsbegründung und Vorfeldskriminalisierung*, 1992, p. 78 e ss., e, sobretudo, p. 89 e ss.. Ver ainda DUFF, *ob.cit.*, p. 374 e ss..

A partir do problema referido caberá indagar se o crime tentado é o centro de todo o ilícito criminal, ou se é antes uma sua forma especial, carecendo de uma justificação específica.

É neste contexto que cabe discutir se o ilícito da tentativa pode consistir na mera violação de uma norma de dever em si mesma independentemente das consequências ou até apenas na mera manifestação de uma intenção contrária à norma. Na verdade, estas respostas necessitam de ser analisadas à luz do que pode ser o ilícito penal, em geral, e posteriormente na perspectiva de uma justificação específica da tentativa.

d) *A fundamentação da punibilidade da tentativa e as alterações contemporâneas nas concepções sobre o ilícito criminal*

4. O conceito de tentativa alia-se à própria compreensão e à justificação do ilícito criminal no nosso tempo.

O desenvolvimento do chamado Direito Penal secundário assenta, frequentemente, em estruturas típicas (tipos legais de crimes) correspondentes a crimes de perigo que se apresentam como antecipações da tutela penal semelhantes a tentativas (em que o *objecto extensional* parece desaparecido).

A temática da tentativa interfere com a matriz do ilícito criminal própria de uma sociedade de risco, embora a punição da tentativa tenha uma história associada aos traços dominantes do Direito Penal clássico. Ora, este Direito Penal é característico de uma sociedade de direitos que se afirma contra o espaço do poder, tem um pendor objectivista e surge como excepção, não como regra[19].

---

[19] A tentativa foi sempre, desde o Direito Romano, entendida como um caso especial e diluída em tipos de crimes concretos, como o envenenamento (que perdurou como crime de mera actividade contra a vida e a integridade física até à entrada em vigor do Código Penal de 1982) (cf., com muito interesse e informação bibliográfica sobre este ponto, MENDES, Paulo de Sousa, *"Ambulare cum telo* era tentativa de homicídio?"*, em *Liber Discipulorum para Figueiredo Dias*, 2003, p. 165 e ss.). Porém, só tardiamente, e pela inspiração da jurisprudência, a pena dos crimes tentados foi encarada como distinta da pena dos crimes consumados. Por outro lado, a distinção entre tentativa possível e impossível não tinha sentido no contexto de autonomização de tentativas de crime. Sobre a história da tentativa desde o Direito Romano, em síntese mas com referências bibliográficas importantes, cf. MALITZ, Kirsten, *Der untaugliche Versuch beim unechten Unterlassungsdelikte*, 1998, p. 132 e ss., e com mais pormenorizada análise crítica, ZACZYK, Rainer, *Das Unrecht der versuchten Tat*, 1988, p. 20 e ss.. Obras essenciais sobre a história da tentativa são as de SCHAFFSTEIN, Friedrich, *Die Allgemeinen Lehren vom Verbrechen, In Ihrer Entwicklung durch die Wissenschaft des Gemeinen Strafrechts*, 1973, p. 15 e ss., BAUMGARTEN, J., *Versuch der Verbrechen – Criminalitische Studien*, 1888, e PERTILE, António, *Storia del Diritto Italiano*, vol. V, 2.ª ed., 1892, p. 72 e ss..

A tendência, ditada pelo pensamento subjectivista e preventivista, de reconstrução do ilícito a partir do desvalor da acção veio, porém, culminar no aparente paradoxo de ser a própria tentativa (e, em última análise, a tentativa impossível) o conceito-chave e o máximo denominador comum a todo o ilícito criminal, em autores como ZIELINSKI, ou a "violação perfeita da norma" e não apenas o "ilícito tentado de uma consumação", segundo JAKOBS.

Assim, o problema da tentativa envolve-se com uma questão metodológica central do pensamento penal

---

Para a história do problema da tentativa na tradição europeia que influenciou o Código Penal de 1886, é importante consultar ORTOLAN, J., *Élements de Droit Penal*, 4.ª ed., 1875, p. 434 e ss., e ROSSI, M. P., *Traité de Droit Penal*, 1835, p. 351 e ss.. Nestes autores, a perspectiva objectivista domina com uma distinção clara entre crime tentado e crime consumado e uma diferenciação entre tentativa absolutamente impossível impunível e tentativa relativamente impossível punível. Sobre a história do Direito Penal português acerca da tentativa, cf. CORREIA, Eduardo, "Elementos para o Estudo da Tentativa e da Comparticipação", em *Direito Criminal* (col. *Studium*, 1953), pp. 11-86. Ver ainda FERREIRA, Manuel Cavaleiro, *Lições de Direito Penal, Parte Geral*, I, 4.ª ed., 1992, p. 397 e ss.. Mas, para uma análise histórica mais atenta ao panorama inspirador do Código de 1886, cf. PINTO, Basílio Alberto de Sousa, *Direito Criminal*, 1845, p. 40 e ss. (muito próximo do pensamento de MELLO FREIRE, Pascoal José de, em *Instituições de Direito Criminal Português*, trad. do latim de Miguel Pinto Meneses, *BMJ*, 1966, n.ᵒˢ 155 e 156) e JORDÃO, Levy Maria, *Commentario ao Código Penal Portuguez*, 1853, p. 13 e ss.

– a justificação e a caracterização de uma estrutura geral do ilícito criminal.

Tal caracterização não depende apenas das soluções do Direito positivo quanto à construção dos tipos e de uma livre escolha pelo legislador das formas fundamentais do ilícito. O Direito Penal não pode deixar de pressupor uma unidade de estruturação do ilícito condicionada pelos princípios garantísticos de Estado de direito.

Saber se é legítimo subjectivar todo o ilícito através da interpretação jurídica, como pretende ZIELINSKI, ou, inversamente, reconstruir numa base objectiva a estrutura do ilícito ignorando as tendências subjectivistas do legislador depende mais de uma investigação sobre o sentido último, a legitimidade e as fronteiras da política criminal, do que da tendência legislativa conjuntural do momento.

Os quadros tradicionais do Direito Penal clássico, em que a tentativa surge como forma especial da infracção, punível em função da gravidade da pena do crime consumado, podem e devem ser reconvertidos à luz do Estado de Direito?

Saber *quando, como* e *porque* pode ser punida uma acção como tentativa exige, como se disse, uma reflexão sobre a caracterização geral do ilícito. E a relação da tentativa com a estrutura geral do ilícito obriga a dar resposta a duas questões: em que circunstâncias o ilícito criminal pode surgir como mera tentativa e se a configuração da tentativa implica uma redefinição do ilícito criminal em geral.

e) *A questão da punibilidade da tentativa impossível como tema estruturante do ilícito da tentativa*

5. Colocado o problema do fundamento da punibilidade da tentativa no plano do ilícito criminal, subamos a um novo patamar, procurando "respirar" nos "píncaros" de que fala RICARDO REIS ou, menos metaforicamente, num outro universo de pensamento.

Olhemos para o quadro de RENÉ MAGRITTE, *La tentative de l'impossible*. O que faz o pintor? A sua intenção parece ser criar o modelo. Se o for, procura transcender os limites da realidade tentando o impossível. Mas não poderemos descrever este acto também como tentativa? Toda a tentativa, mesmo a de Abraão, tem o seu mistério. Nunca saberemos se a acção poderia consumar-se. Se relacionarmos esta ideia com o pensamento determinista, surge mesmo a interpelação sobre se a tentativa pode, em algum mundo possível, atingir a consumação. A impossibilidade não faz parte do conceito?

A tentativa impossível, figura encarada como excepção pela dogmática penal, vem expandir-se e confundir-se com a tentativa em geral, a esta luz não comprometida com a Ciência Jurídica.

Somos então confrontados com a seguinte questão: se toda a tentativa for de algum modo impossível, fará sentido puni-la? E se a resposta for afirmativa não teremos de punir sem distinção a tentativa dita possível e a tentativa dita impossível, uma vez que a possibilidade não constituirá então critério de punibilidade? Mas, assim sendo, não arrastaremos as fronteiras da punibilidade para o puro subjectivismo e não fundamentaremos a punibilidade da tentativa num critério convencional e formal de execução?

Estas dificuldades só serão superadas mediante a distinção entre tentativa possível e impossível, com consequências na própria punibilidade. Caso não seja sustentável tal distinção, o edifício do ilícito na teoria do crime entra em colapso, com uma de duas saídas: a reconstrução do ilícito a partir do conceito de tentativa (sem distinção entre tentativa possível e impossível) ou a rejeição da punibilidade de toda a tentativa qualquer que seja a sua caracterização à luz dos critérios tradicionais.

O problema praticamente pouco relevante da punibilidade da tentativa impossível torna-se, por consequência, expressão da própria ideia de ilícito criminal na tentativa.

A tentativa impossível interpela o pensamento penal questionando se um pensamento objectivista e garantista sobre o ilícito é compatível com a tentativa e se esta não corrói as bases daquilo que se tem designado como Direito Penal do facto.

III
Tentativa e Direito Penal do facto

a) *Fundamentação do Direito Penal do facto nos princípios de Direito Penal*

6. Com a expressão "Direito Penal do facto" pretende-se acentuar a relação estreita entre a garantia concedida pelo princípio da legalidade e o conceito de crime. Se o princípio da legalidade assegura que não há crime sem proibição prévia de uma acção ou omissão (artigo 29.º, n.º 1, da Constituição), constituiria um desvirtuamento dessa garantia conceber a acção ou omissão como mero momento mental e íntimo, sem expressão comunicativa e objectiva. No cerne do princípio da legalidade está, por conseguinte, uma exigência de objectividade do facto proibido, significando, pelo menos, a sua reconhecibilidade por todos (e *ex ante* pelo agente) como acção com certa identidade – matar, furtar ou roubar, por exemplo. Trata-se do *nullum crimen sine actione*[20].

---

[20] É interessante questionar se esta exigência corresponde à necessidade de um conceito geral de acção comum a todas as espécies de comportamento punível. Cf., a propósito do *act requirement*, DUFF, *ob.cit.*, p. 238 e ss..

Exigências diversas relacionadas com o próprio Estado de direito impõem igualmente um Direito Penal do facto. Assim, a ideia de que o Direito Penal por envolver a restrição de direitos fundamentais só adquire legitimidade como *ultima ratio* na protecção de bens essenciais da liberdade implica que a intervenção penal seja orientada para a prevenção de afectações graves desses bens. É nesta ordem de ideias que se pode invocar o princípio da ofensividade[21] – o Direito Penal justifica-se por ser um meio directo de prevenir lesões de direitos e bens jurídicos.

Essa lógica fundamentadora afasta o Direito Penal da pura prevenção de riscos e assenta numa ponderação entre o valor da prevenção e o valor da liberdade de acção. Se a prevenção de riscos se impusesse de modo absoluto, o núcleo essencial da liberdade de acção seria posto em causa, pois o Direito Penal interviria quanto a comportamentos que seriam mera *conditio sine qua non* de futuros eventos danosos. O Direito Penal converter-se-ia num "campo magnético" protector dos bens jurídicos contra agentes que só seriam perigosos segundo uma prognose, recriando o universo concentracionário do filme *Relatório minoritário*.

---

[21] Traduzo a expressão usada pela doutrina italiana *offensività* articulando-a com o anglo-saxónico *harmprinciple* (cf. FEINBERG, Joel, *Harm to Others, The Moral Limits of Criminal Law*, 1984).

A ofensividade, exprimindo a afectação de outro sujeito como pressuposto da intervenção penal, corresponde à exigência de uma ponderação entre prevenção e liberdade[22].

Por outro lado, a necessidade de uma responsabilidade por culpa, expressão de uma censura da pessoa, também converge na exigência de um Direito Penal do facto, na medida em que se rejeite uma culpa pelo carácter ou pela atitude e se refira a culpa à decisão da vontade actuando sobre o mundo como *causa* ou fonte de modificações do curso de acontecimentos.

É à luz destes princípios que emerge todo o ilícito criminal e, por isso, o ilícito do crime tentado.

b) *Fundamentação do Direito Penal do facto e controvérsia moral entre objectivismo e subjectivismo*

7. A orientação do Direito Penal marcada por estes princípios não é asséptica no plano de concepções filosóficas, morais e políticas. Ela apela para a discussão antiga e contínua entre pensamento objectivista e subjectivista no Direito Penal e na própria Ética.

---

[22] Reflectindo, criticamente, sobre a invocação de uma ponderação na protecção penal de riscos, cf. Husak, "The Nature and Justifiability of Nonconsummate Offenses", *text.cit.*, p. 151 e ss..

Há vias intermédias entre o objectivismo e o subjectivismo extremo. Em todo o caso, o objectivismo encara a acção como modificação consequencial do mundo e o subjectivismo acentua a orientação da vontade enquanto expressão da pessoa, apreensível logo na atitude ou em qualquer momento interno, independentemente da sua eficácia concretizadora.

Diria que nos dois extremos se contrapõem um *realismo* de valores e um *intelectualismo* avesso a que os valores (e também o desvalor que constitui a sua negação) se constituam a partir das modificações produzidas no mundo fenoménico[23].

Esta contraposição fundamental não é afastada pelo mero pensamento sobre os fins do sistema penal. A questão sobre como se constituem os valores é mais radical, relaciona-se com o modo de ser humano, com o contexto social e cultural, com as formas de descrição da realidade de que dispomos, com a maneira de nos conhecermos e comunicarmos[24].

Mas também é verdade que quando decidimos incriminar certas condutas como os crimes de expres-

---

[23] Digo aqui mundo fenoménico num sentido muito indiferenciando, abrangendo eventos naturalísticos e factos sociais.

[24] A necessidade de conduzir a investigação para o discurso da acção, na convergência entre lógica, fenomenologia e ética parece incontornável. Cf. RICOEUR, Paul, *O Discurso da Acção* (trad. port. de Artur Morão), 1988.

são relacionados com o passado histórico (por exemplo, a negação ou a própria "banalização" dos crimes nazis, que na verdade foi proposta para efeitos de uma decisão-quadro da União Europeia) não estamos apenas perante uma opção entre objectivismo e subjectivismo: confrontamo-nos com a discussão sobre o que é danoso numa sociedade. De algum modo, tudo o que é aceite como objectivo depende de uma construção social coesa e pacífica.

O que se torna essencial é uma forma distinta de fundamentar os valores. Um modo cooperativo, crítico e argumentativo de fundamentar os valores corresponderá hoje ao papel do objectivismo na discussão clássica e uma abordagem apriorística, apodíctica e axiomática aproximar-se-á da tradição subjectivista.

Se transportarmos este discurso para o problema da definição da tentativa, isto é, dos actos executivos no crime tentado, verificaremos que uma descrição objectivista não pode prescindir de momentos subjectivos, de representações, do plano e de intenções do agente que tornem credível a afirmação sobre o início da execução do facto.

Assim, por exemplo, os actos objectivos de confeccionar uma sopa envenenada ou de a deixar num certo sítio, sem um contexto subjectivo determinado, não possuem significado lesivo numa perspectiva de conhecimento geral. Tais actos só adquirem significado com referência a uma planificação. E mesmo o acto de apontar uma arma pronta a disparar contra alguém só se conexiona objectivamente com o homicídio doloso quando certa representação e vontade do agente forem plausíveis[25].

Não há, pois, uma concepção da realidade puramente fenoménica que dispense o sentido subjectivo das acções. Nem o subjectivismo dispensa de todo uma base factual externa. Como saberemos que *A* pretende matar *B*, se ele não empunhar uma arma pronta a disparar e a apontar a *B*?

A discussão entre objectivismo e subjectivismo deve ser, assim, transposta para a oposição entre os modos concordantes e cooperativos de construção da realidade e os modos autoritários e transcendentais de a enunciar.

Porém, a construção da realidade não permite uma redução simplista da sua descrição à distinção entre perspectivas subjectivistas e objectivistas e, por isso, o Direito Penal do facto também não é expressão unívoca de uma certa descrição objectivista da realidade, negadora do papel do elemento subjectivo que transfigura o acontecimento em acção[26]. Deste modo, não é possível dispensar conceitos que subordinem o Direito

---

[25] A descrição da finalidade ou da intencionalidade do acto tem seguramente um papel delimitador e de identificação, como parece resultar do pensamento finalista de WELZEL.

[26] Assim, RICOEUR, *ob.cit.*, p. 39.

Penal aos princípios do Estado de Direito e fixem para o legislador e para o intérprete limites na construção dos pressupostos da punibilidade[27].

Assim, conceitos como "bem jurídico" e "dano" ou a dicotomia "desvalor de acção" – "desvalor do resultado" têm sobretudo justificação como fórmulas limitativas de uma vontade legislativa arbitrária e de um Direito Penal construído de modo não argumentativo[28].

c) *A discussão entre objectivismo e subjectivismo e o papel identificador das intenções*

8. A grande fronteira que o Direito Penal não pode ultrapassar é, sem dúvida, a da não punição, em si e por si, de meros pensamentos, intenções, resoluções e atitudes. No entanto, a complexidade da descrição dos

---

[27] Neste sentido, a discussão ético-política da acção é um momento imprescindível que impede que se retirem da filosofia da acção, numa perspectiva analítica, conclusões imediatas para o Direito Penal. Assim, para RICOEUR, o discurso ético não é descritivo, não procede por distinções e diferenças, mas antes prescritivo e constitutivo do próprio sentido da acção significativa, gerando o seu sentido (*ob.cit.*, p. 26 e ss.).

[28] No entanto, terei de reconhecer que tais fórmulas, se conceptualizadas, são manipuláveis quanto aos conteúdos concretos, sobretudo se permitem, pela sua abstracção, desvirtuar a função de justificar, numa sociedade democrática e garante das liberdades individuais, a actuação incriminadora e punitiva.

comportamentos pode tornar difícil discernir se não se pune, afinal, apenas uma intenção.

O problema surge, desde logo, com comportamentos cuja identificação enquanto acção de uma certa espécie é equívoca no plano externo-objectivo e que só adquirem significado específico através da "compreensão" da intenção. Atirar uma pessoa ao chão pode, na realidade, ser uma brincadeira, uma ofensa corporal ou momento de uma violação. A delimitação do tipo de acção pode estar totalmente dependente da "compreensão" da intenção ou da atribuição da intenção.

Mas se da intenção depende o significado da acção, também é verdade que o acontecimento objectivo nos pode revelar a intenção. Tal como na pintura referida por KENNY, em que uma pessoa se encontra sobre um plano inclinado com uma perna atrás e outra à frente, se torna plausível dizer que alguém está a subir uma montanha[29], em geral inferimos as intenções a partir dos comportamentos exteriores.

Todavia, quando se afirma que o Direito Penal não pode punir meras intenções não se está, em rigor, a negar o papel da identificação de comportamentos pela intenção, mas apenas a rejeitar que as intenções, por si mesmas, sejam puníveis. A intenção de praticar um crime, revelada num diário ou numa conversa telefónica, não basta para justificar a punição. A possibilidade de o

---

[29] Cf. KENNY, Anthony, *Freewill and Responsability*, 1975.

Direito Penal invadir, como um intruso, o espaço do relacionamento de alguém consigo mesmo, da imaginação de qualquer pessoa sobre si própria, está vedada em nome de um pressuposto de liberdade e responsabilidade dos agentes.

Resta saber se nos casos em que a informação sobre o significado de um comportamento depende da intenção, indispensável para identificar a conexão desse comportamento com um futuro evento, não estaremos a punir meras intenções.

Assim, quando uma pessoa leva outra a passear num descampado para a roubar ou matar, quando um motorista de táxi leva o passageiro ao sítio onde se irá traficar droga, ou quando um homem fecha a porta de uma residência para que uma mulher que pretende violar não saia, a intenção subjacente ao comportamento permite interpretá-lo já como roubar, matar, traficar ou violar na forma tentada[30]?

---

[30] Nestes comportamentos, porém, a informação sobre o significado não é revelada *prima facie* pela intenção, mas por factores objectivos que permitem intuir a intenção, tal como a inesperada subtracção da vítima à sua esfera de segurança no caso da corrida de táxi. Porém, se apenas conseguirmos atribuir o significado criminoso à conduta a partir de uma intenção, estaremos num território movediço em que toda a descrição da realidade depende de um estado mental atribuído ao agente, mas em relação ao qual é difícil obter uma concordância alargada quanto à verificação de um estado de coisas conducente à lesão de um bem jurídico e revelador do sentido unívoco de uma acção.

O que se discute é, sem dúvida, se a intenção do agente pode ser a fonte única ou critério exclusivo de informação sobre a identidade do acto já praticado, quando a conduta externa não nos permitir inferir uma intenção indiscutível[31]

A resposta a esta questão está para além de uma teoria dos actos assente no discurso ou de uma filosofia da acção. Situa-se, antes, no plano em que tradicionalmente o pensamento penal a colocou.

Assim, se a informação sobre o sentido do acto só depende de uma leitura da intenção, sem base externa, é mais provável um entendimento errado e a atribuição de uma intenção inexistente.

Por outro lado, se não há uma leitura da intenção a partir do acontecimento pode ter de se reconhecer que a decisão ainda não foi tomada em definitivo. Por exemplo, no caminho de Abraão para o monte já existiria dolo?

Por fim, mesmo com uma elevada probabilidade de concluir que um comportamento foi escolhido pelo agente como meio para produzir um certo evento, a intervenção punitiva imediata, fundada em razões preventivas, não deve suprimir o que DUFF chama *locus poenitentia* do agente. Deve ser concedida ao agente,

---

[31] Há uma circularidade subjacente a este problema. A intenção permite identificar a acção equívoca, mas a acção, por ser equívoca, não permite inferir a intenção.

como ser responsável, a liberdade de parar antes de o Direito intervir. Abraão pôde seguir o seu caminho até Moriah, sem que ninguém o detivesse.

d) *O problema dos actos preparatórios*

9. A previsão legal da excepcional punibilidade dos actos preparatórios põe em causa a perspectiva anterior?

Nos actos preparatórios puníveis não se pode concluir, em geral, que é apenas a intenção que nos informa sobre a identidade do acto. Esses casos correspondem a comportamentos que revelam um sentido lesivo, segundo um juízo de prognose e apesar da ausência da acção típica "principal". A antecipação da tutela penal não se justifica, assim, pela previsão de perigosidade deduzida apenas a partir da intenção, mas pelo sentido normal de certos actos em relação à actividade criminosa principal.

A justificação da excepcional punibilidade dos actos preparatórios é dada pela conexão entre a elevada perigosidade de certas condutas e a caracterização de alguns comportamentos antecedentes (a aquisição, detenção ou venda de instrumentos de contrafacção de moeda, por exemplo) como típicos, logo em sentido social. Fora destes casos, a liberdade geral de acção impede que comportamentos antecedentes dos actos de execução, embora inseridos num projecto criminoso, fundamentem a responsabilidade. Em todo o caso, a excepcional punibilidade dos actos preparatórios só não porá em causa um Direito Penal do facto se não corresponder à punição de meras intenções e se, em simultâneo, for invocável uma elevada perigosidade. Há um nível material, com sede na Constituição, que limita as opções legislativas.

Finalmente, a excepcional punibilidade dos actos preparatórios como crimes autónomos revela que não podem ser critérios de mera perigosidade a justificar o início da punição por tentativa, pois tais critérios não permitem traçar com rigor a fronteira entre actos preparatórios e executivos.

e) *Direito Penal do facto, teoria do crime e definição de actos de execução*

10. Embora não imponha uma perspectiva puramente objectivista, o Direito Penal do facto orienta-nos, de modo decisivo, para a exclusão de uma construção dos fundamentos da responsabilidade penal a partir de informação retirada, em exclusivo, de estados mentais dos agentes. Não podemos prescindir de qualquer facto externo significativo (activo ou omissivo). Como decorrência de princípios constitucionais, o Direito Penal reclama que o ilícito se construa a partir do confronto com a Ordem Jurídica de modificações da realidade operadas pela vontade livre e não apenas de puras manifestações de vontade.

A culpa, a censurabilidade pessoal e a ideia imanente de liberdade exigem uma noção de acção voluntária constitutiva da realidade que se confronta com a norma. Por isso, uma análise do acontecimento e das suas consequências é não só apoio da compreensão da acção mas também objecto do juízo de imputação.

11. A execução do facto na tentativa apela a uma delimitação geral do comportamento punível, à imagem do que sucede quanto aos comportamentos omissivos e às *actiones liberae in causa*[32]. Na tentativa, porém, tal

---

[32] O cruzamento da tentativa com estes comportamentos suscita vários problemas. Assim, o problema a resolver na omissão impura é a determinação de um momento factual anterior à consumação, em que a inactividade do agente ou a actividade impeditiva do comportamento exigível assumam expressão incontestável, à luz de um critério objectivo, de início da violação do dever de agir que se concretiza na produção do resultado típico. Nos casos de automatismos, diversamente, o problema reside em configurar uma acção típica no comportamento inconsciente. Não se prescindirá, nestes casos, de uma efectiva execução com traços de objectividade quando o comportamento típico assenta nos automatismos, numa ligação da experiência anterior do agente às condições de previsibilidade do acontecimento? Poderá, aí, configurar-se uma tentativa já no momento em que o agente não toma as devidas precauções para evitar que o automatismo se verifique? E nos casos de *actiones liberae in causa* onde reside a objectividade de uma acção livre e voluntária, quando o compor-

questão geral surge associada ao reconhecimento das características que assinalam o início de uma acção específica[33].

Na delimitação dos actos de execução de um crime emerge de imediato a questão de saber *quando*, *como* e *porque* um comportamento susceptível de punição se torna um comportamento de certo tipo.

Os critérios definidores dos actos de execução necessitam de relacionar uma concepção unitária do comportamento punível, que também enfrenta os difíceis problemas de delimitação (ao nível da voluntariedade dolosa e da objectividade), com a ideia de realiza-

---

tamento típico consiste na conjugação de uma vontade com a colocação do agente em situação de inimputabilidade? Se se responder dizendo que a acção de se tornar incapaz de dominar os acontecimentos posteriores exprime esse momento, não estaremos a antecipar a execução do facto relativamente ao comportamento típico?

O recurso a estas figuras só não minará um Direito Penal do facto, com a exigência de um comportamento conduzido pela vontade, se, os actos voluntários antecedentes tiverem um significado objectivo indiscutível de realização do ilícito criminal.

[33] Estamos, assim, para além de uma identificação como acção de um comportamento, a partir de um conceito mínimo ou básico para o qual apela a teoria geral da acção. A questão da necessidade de uma mera acção básica, no sentido de DANTO, em *Analytical Philosophy of Action*, 1973, que exprima a forma comportamental elementar que não se descreve em função de nenhuma outra não é suficiente para a definição de actos de execução.

ção de um facto de certo tipo. Assim, quando se pergunta se levar uma pessoa para um sítio onde irá ser assaltada constitui execução de um roubo está em causa mais do que a caracterização daquele comportamento como uma acção em geral. Com efeito, está em causa a possibilidade de descrever o referido comportamento como acção de roubo na forma tentada. Tal comportamento terá de possuir a qualidade de acção (em geral), de tentativa de acção (em geral) e de tentativa de roubo (em especial).

Não estamos, no entanto, perante problemas totalmente separados. Somos confrontados com um modo concreto (referido a um tipo legal de crime, como sempre sucede dada a natureza fragmentária do Direito Penal) de manifestação das fronteiras do comportamento punível. Se não puder ser descritível como tentativa de roubo, o comportamento será uma não-acção quanto ao padrão acção de roubar.

Assim, os critérios definidores dos actos de execução devem ocupar-se da averiguação da qualidade (comportamental) de uma conduta para ser designada como conduta de determinada espécie[34]. Tal averigua-

---

[34] Nesse sentido, não concordo inteiramente com a posição de ROXIN de um duplo fundamento na definição dos actos executivos. Trata-se antes, a meu ver, de encontrar um critério que resolva materialmente, de acordo com uma lógica sistemática geral, uma questão de tipicidade que não pode ser resolvida pelo mero elemento literal da interpretação e correspondente subsun-

ção equivalerá a indagar se a conduta pode fazer parte das condutas dessa espécie como acção-base ou acção-elemento.

No entanto, estas questões não são resolúveis no plano descritivo analítico. Apenas podem ser resolvidas no plano normativo.

ção (sobre a posição de Roxin, cf. *Strafrecht, Allgemeiner Teil, II, Besondere Erscheinungsformen der Straftat*, 2003, p. 335 e ss., e já antes em "Über den Strafgrund des Versuchs", *Festschrift für Haaro Nishihara*, 1998, p. 158 e ss.).

IV
Execução do facto e ilícito criminal
(plano normativo da caracterização dos actos
de execução como ilícito típico na tentativa)

a) *A importância do conceito de execução do facto
na delimitação do comportamento punível*

12. Em última análise, no plano normativo, o início da execução do facto é o conceito que exprime o comportamento punível na tentativa e a respectiva ilicitude típica.

Mas poderão os critérios tradicionais, geralmente adoptados pela lei, de distinção entre actos preparatórios e actos executivos dar a chave para o fundamento de ilicitude do crime tentado? E poderão ainda fornecer um contributo para as traves-mestras do comportamento punível em geral?

Tais critérios são formais e materiais. E estes últimos, por sua vez, podem ser predominantemente objectivos ou predominantemente subjectivos.

Para a perspectiva formal [que o artigo 22.º, n.º 2, alínea *a*), do Código Penal exprime] os actos de execução são aqueles que preenchem, segundo uma interpretação literal, o tipo, ou seja, correspondem, nesses termos, à acção típica no todo ou em parte. Tal perspectiva prescinde de elementos de natureza histórica, sistemática ou teleológica na verificação da tipicidade.

Se em certos crimes, como, por exemplo, a burla (artigo 217.º do Código Penal), a descrição legal contém uma orientação pormenorizada (de teor analítico) para afirmarmos que uma acção é típica, noutros (como o homicídio) exige-se um labor interpretativo que revela a insuficiência da mera "analogia espontânea" entre o comportamento e a descrição típica para realizarmos a subsunção.

Nestes últimos casos, torna-se inevitável o recurso a outro conceito de actos executivos que nos permita afirmar que uma acção determinada, como, por exemplo, apontar uma arma a uma pessoa é ou não o início da acção típica do crime de homicídio. O Código Penal português utiliza critérios de idoneidade [alínea *b*) do n.º 2 do artigo 22.º] e de proximidade sequencial [alínea *c*) dos mesmos número e artigo]. Mas a utilização de tais critérios só faz sentido pela referência a uma lógica sistemática (fins do sistema penal), segundo a qual se justifique a punibilidade dos factos que reúnam as características de desvalor justificativas da intervenção penal, tal como a perigosidade para o bem jurídico ou, noutra perspectiva, a própria perigosidade do agente.

O problema inerente ao recurso a tal técnica é que ela pode tornar-se um instrumento de política criminal autónomo[35] da mera função descritiva da acção típica e fazer sobrepor uma específica função penal à mera determinação do sentido do facto típico numa perspectiva aceitável por todos os observadores. O perigo residirá, no limite, em inviabilizar o controlo próprio do princípio da legalidade.

Assim, a caracterização do carregamento de uma arma com o fim de disparar sobre alguém como execução típica do homicídio só respeitará o princípio da legalidade e um Direito Penal do facto se constituir uma descrição verdadeira de condutas que impeça uma construção puramente intra-sistemática do facto penal. Deverá ter correspondência com a linguagem corrente e com o sentido interpretativo normal dos actos. Deste modo, por exemplo, fazer uma benzedura não pode ser descrito como tentar matar.

Os critérios subjectivistas não cumprem este desígnio na medida em que, autonomizando a intenção do agente quanto à sua expressão externa, concebem o ilícito como mera contradição da vontade com o Direito. Assim, tais critérios são levados a aceitar, como tenta-

---

[35] Essa autonomia parece existir na fundamentação dualista dos actos de execução em ROXIN (cf. *ob.cit., loc.cit.*), apesar de a principal preocupação do autor ser evitar uma construção não funcionalmente dirigida à determinação da tipicidade, reputando de idealistas as construções que abstraem da referência à proximidade com a descrição típica da conduta e que não erijam como ponto de partida da punição da tentativa o tipo.

tiva de certos crimes, actos sem esse significado na linguagem corrente, como as tentativas irreais. Desvirtuam o *nullum crimen sine actione*, antecipando a tutela em vez de interpretarem a norma incriminadora. Aliás, em rigor, a via subjectivista não permite qualquer distinção entre actos executivos e preparatórios (à luz de critérios de perigosidade) e afasta a unidade conceptual do ilícito na tentativa e no crime consumado.

Os critérios materiais-objectivos não deixam, porém, de apresentar dificuldades na articulação da tipicidade com o sistema penal. Por exemplo, a ideia de os actos de execução implicarem um perigo concreto[36] ou um perigo imediato para os bens jurídicos, em termos objectivos, pode tornar-se uma exigência desfasada por excessivamente restritiva da tipicidade. A perigosidade concreta tende a concretizar-se num evento intermédio, anterior ao resultado típico, revelando que estão criadas as condições que põem o bem numa situação de insegurança existencial em que o dano se produzirá, salvo se uma desistência ou uma interrupção externa do processo causal se verificar. Mas não haverá situações em que já se iniciou a realização do facto típico sem ter sido criado perigo concreto? Se o agente ministra a primeira dose de veneno, que só por si não é idónea para matar, já é possível descrever linguistica-

---

[36] Configurando a tentativa como um crime de perigo concreto, cf. HORN, Eckard, *Konkrete Gefährdungsdelikte*, 1973.

mente esta acção como começo de execução de homicídio por envenenamento. Quem ministra veneno aos poucos, começa a envenenar. Temos, aliás, uma evidência no comportamento da intenção do agente e estamos mais avançados na execução do que no caso em que se dispara sem alcançar a vítima[37].

A lógica do critério do perigo concreto exclui também a tentativa impossível, criando uma dualidade de critérios no ilícito da tentativa, se não se rejeitar em absoluto esta figura.

13. Como determinar o início da tentativa, numa articulação harmoniosa entre uma técnica de definição da tipicidade imposta pelo princípio da legalidade e os valores do sistema penal (alguns de nível constitucional) definidores do ilícito e do comportamento punível[38]?

Os critérios anteriores pressupõem já a aceitação de um certo conceito de ilícito e procuram apenas concretizar, num ponto de apoio, a noção de que par-

---

[37] O artigo 22.º, n.º 2, alínea *c*), pretende, aliás, enquadrar este tipo de situações.

[38] Sobre a relevância constitucional, como ponto de partida da distinção entre actos preparatórios e executivos, cf. KÜHL, Kristian, "Grundfälle zur Vorbereitung, Versuch Vollendung und Beendigung", em *Juristische Schulung*, 19, 20, 21 e 22, respectivamente pp. 718 e ss., 874 e ss., 650 e ss., 811 e ss., 111 e ss., 193 e ss. e 189 e ss..

tem. Os critérios objectivistas e subjectivistas utilizam, no entanto, concepções do ilícito cuja fundamentação não procura, na generalidade dos casos, a sua força argumentativa numa lógica de fundamentação de validade.

Mas perguntar o que é o ilícito criminal é, necessariamente, investigar por que se pode punir.

O ilícito penal não é, na verdade, um conceito transcendente, mas assenta sobre uma lógica política, no sentido de construção da Cidade e da Justiça. Nessa lógica, a proibição ou a prescrição de condutas e a punição de infracções fundamentam-se numa articulação entre as necessidades humanas individuais e comunitárias. O problema do ilícito penal, a esta luz, não atinge uma justificação aceitável através de uma descrição puramente heterónoma e autoritária do valor.

Nesse sentido, referências do ilícito à ideia formal de bem jurídico não adquirem, por si mesmas, relevância fundamentadora. E a aproximação do ilícito da violação do dever pode trazer consigo a expressão de uma pura ordem de obediência. Só a confluência do conceito de bem jurídico com a autonomia da pessoa e a ideia de dever como instrumento dessa confluência fornecem uma noção de ilícito compatível com uma ordem de liberdade.

Se o Estado de direito encontrar a sua referência fundamental no desenvolvimento da pessoa e dos seus bens – os bens da sua liberdade –, o Direito Penal terá

Da *"tentativa possível" em Direito Penal* 51

como justificação a protecção desses bens quando se gere um desequilíbrio entre a liberdade do agente e a liberdade dos outros ou as condições de desenvolvimento dos outros em sociedade[39].

A fórmula de ZACZYK[40] (na linha da reflexão de autores como MICHAEL KÖHLER) do ilícito como expressão de um desequilíbrio entre a protecção da liberdade do agente e a protecção assegurada aos outros, desenvolve, no âmbito do Direito Penal, a ideia kantiana sobre o Direito. O ilícito é visto como afectação de um estado de equilíbrio que o Direito visa assegurar e para o qual se justifica a selecção de certas realidades como bens jurídicos. Logo aí, quando se verificar esse desequilíbrio de um estado originário de conservação e preservação de certos bens, começa o ilícito e justifica-se a intervenção penal.

A referência do ilícito ao bem jurídico torna-se, a esta luz, dispensável? O referido desequilíbrio pode constatar-se já na pura violação do dever? Precisamos,

---

[39] ZACZYK, *ob.cit.*, p. 231 e ss. e p. 255.

[40] Na realidade, ZACZYK é geralmente associado a um conjunto de autores, como KÖHLER e RATH, que são apodados de idealistas, por erigirem o problema da fundamentação do ilícito em critério supra-positivo de interpretação do conceito de tentativa. Nesse sentido, ROXIN, *ob.cit.*, p. 348. Cf. também a crítica de HERZBERG, Rolf a ZACZYK, em "Zur Strafbarkeit des untauglichen Versuchs", *Goldtdamner's Archiv für Strafrecht*, 2001, p. 259 e ss..

como se pode deduzir do pensamento de FEINBERG[41], de uma lesão dos direitos alheios, mesmo incluindo o direito à segurança dos bens (o direito a que não se produzam riscos na esfera de acção de cada um) para justificar a intervenção penal? A ideia de dano é inultrapassável?

A resposta a esta questão vincula, em certo sentido, o fundamento da punição da tentativa à tipificação dos crimes de perigo abstracto e de dever. Não tem sentido confinar a tentativa de crime doloso, em que é elevada a intensidade do desvalor da acção, a um perigo concreto se o legislador puder conceber livremente crimes de perigo abstracto e de puro dever, em que o dolo se refere à conduta presumivelmente perigosa ou à desobediência, e não já ao dano, na mesma área de bens jurídicos.

Se a delimitação do início da tentativa tiver de ser coerente com a delimitação do ilícito penal em geral, como creio, então terá de existir uma conjugação de todos os casos em que o ilícito prescinda de um resultado causal.

Duas vias serão possíveis: a redução da tentativa a um ilícito de perigo abstracto ou até de dever, prescin-

---

[41] FEINBERG, *ob.cit.*, p. 18 e ss.. Cf. sobre tal interpelação a FEINBERG, HUSAK, "The Nature and Justificability of Nonconsummate Offenses", *text.cit.*, p. 151 e ss..

dindo da referência ao *iter criminis* e ao perigo concreto; inversamente, a conformação daqueles ilícitos específicos pelos próprios critérios tradicionais da tentativa, incluindo os que definem actos de execução[42].

A discussão sobre o que pode ser entendido como acto de execução tem, a esta luz, uma importância sistemática decisiva.

A relação do ilícito penal com o desequilíbrio nas esferas de liberdade e de segurança que definem a ameaça aos bens jurídicos permite superar os critérios tradicionais de delimitação dos actos executivos ou pelo menos proceder a uma adaptação desses critérios.

A distinção tradicional entre teorias subjectivistas e objectivistas não pode, na perspectiva do desequilíbrio entre esferas jurídicas, ser referida a uma qualquer concepção de bem jurídico. A própria noção de bem jurídico é precedida de um conteúdo necessário, derivado da natureza relacional do Direito[43]. O objectivo, o exterior, torna-se, segundo esta orientação, aquilo que interfere com os direitos de outrem e as condições de exercício desses direitos.

O critério sistemático, que decide, em última análise, sobre o valor dos actos como executivos, postula

---

[42] Cf., num sentido próximo desta última alternativa, o texto de HUSAK já citado na nota anterior.

[43] Sobre um tal sentido de bem jurídico, cf. BECK, *ob.cit.*, p. 84 e ss..

uma ideia inter-subjectiva e relacional de bem jurídico e de dano[44]. E essa ideia condiciona a selecção e a configuração dos bens jurídicos pelo legislador, tal como a sua delimitação interpretativa como problema de tipicidade.

A eleição de determinada realidade como bem jurídico não é arbitrária. Depende de uma justificação no plano da liberdade, da igualdade e do equilíbrio entre esferas de acção.

Assim, por exemplo, a problemática dos bens supra--individuais, colectivos ou sociais, merecerá um tratamento específico, ao nível da argumentação, no qual o lugar da relação com o outro é ocupado pela relação instrumental de cada bem jurídico com as condições de desenvolvimento pessoal.

A mera presunção de perigo (segundo a técnica dos crimes de perigo abstracto), que permitiria uma antecipação total da tentativa segundo uma lógica de prevenção geral, e a fusão dos actos executivos com os actos preparatórios, está aquém desta exigência. Mas o critério do perigo concreto também não assimila por inteiro esta exigência constitutiva do ilícito.

---

[44] Cf., sobre o conceito de bem jurídico numa lógica comunicativa, também DIAS, Augusto Silva, em *"Delicta in se" e "Delicta mera prohibita", uma análise das descontinuidades do ilícito penal moderno à luz da reconstrução de uma distinção clássica* (dissertação), 2004.

A referência ao perigo concreto pode corresponder à indicação de um momento necessariamente causal e porventura tardio na definição do ilícito. No exemplo em que alguém, empunhando uma arma, bate à porta da vítima para disparar logo que ela abra não há ainda perigo concreto nem foi desencadeado um processo causal que conduzisse à lesão do bem jurídico. Todavia, a vítima já se encontra numa posição de sensível diminuição da sua segurança quanto aos bens jurídicos protegidos pela norma incriminadora, o que justifica desde logo a intervenção do Direito Penal.

Por outro lado, os critérios subjectivistas revelam a sua fragilidade perante esta perspectiva. A mera referência ao plano do agente e à sua intenção não configura, em geral, uma perda de segurança da vítima ou o desequilíbrio entre a protecção dos bens do agente e dos outros sujeitos. Quem relata num diário ou revela numa conversa telefónica a intenção de cometer um crime não coloca ainda a vítima numa posição de desprotecção, apesar de poder ter já tomado a decisão criminosa.

b) *Concepção do ilícito e tentativa impossível*

14. Com a anterior orientação sobre o ilícito, renasce o problema da tentativa impossível.

Há ou deve haver uma unidade de todo o ilícito penal na tentativa?

A abordagem anterior sustentou que os actos de execução configuram (tipicamente) o próprio ilícito da tentativa em sentido material. Pode a sua definição abranger ainda a tentativa impossível?

Existem, tradicionalmente, duas razões para punir a tentativa impossível: a perigosidade revelada pelo agente e a impressão de perigo causada na sociedade pela conduta em questão.

Rejeitado o puro subjectivismo em nome de um Direito Penal do facto, a punição da tentativa impossível dependerá, numa lógica de necessidade e segurança características do Estado de direito, de ela ainda exibir uma natureza relacional e oferecer uma perspectiva de afectação do equilíbrio entre as esferas de liberdade de acção inerentes à protecção dos bens jurídicos.

Na verdade, em certos casos de tentativa impossível verifica-se um estado de desprotecção da vítima e dos seus bens – uma afectação, ainda que não concretizável, do ambiente de segurança em redor de tais bens. Isso não sucede, por certo, na chamada tentativa supersticiosa ou irreal, em que a tipicidade é insustentável. Também não acontece nos casos de impossibilidade manifesta por inaptidão do meio ou mesmo por inexistência do objecto[45]. Mas passa-se em situações

---

[45] Aqueles casos a que a doutrina penal antiga chamou de tentativa absolutamente impossível (cf. ORTHOLAN, *ob.cit.*, *loc.cit.*, e ROSSI, *ob.cit.*, *loc.cit.*; ver ainda, no Direito germânico,

de afectação e desequilíbrio na protecção dos bens jurídicos, nas quais a ofensa, só por mero acaso, se não concretizou. Por exemplo, o agente tocou a campainha pronto a disparar sobre a vítima mal ela abrisse a porta, mas quem a abriu foi outra pessoa, porque a vítima nem sequer estava em casa. No caso do tráfico de droga, o traficante, solicitado pelo consumidor, não possuía naquele dia droga para vender.

Em todas as situações em que o plano do agente é plausível em termos de raciocínio prático e está em conformidade com as leis causais, a não punição de uma tentativa insusceptível de consumação em concreto minaria as condições de segurança do bem jurídico. A punição, numa lógica de Estado de direito, compartilha o fundamento de ilicitude inerente à tentativa dita possível.

Em tais casos, estamos perante uma fronteira imperceptível entre tentativa possível e impossível. Se a possibilidade é algo difícil de confirmar em geral, nestes casos a constatação da impossibilidade decorre de um factor variável na cadeia de fenómenos que veio interferir no sucesso do facto criminoso. Assim, a tentativa impossível aproxima-se da tentativa falhada pelo agente, apenas se distinguindo daquela na medida em que um factor exterior veio obstar à consumação.

Em ambas as hipóteses, porém, existiu uma ameaça contra a vítima. Na verdade, foram criadas condições que, em abstracto, seriam susceptíveis de produzir a consumação, não a produzindo apenas devido a uma falha do agente ou a factores exteriores[46].

A punibilidade da tentativa impossível só se justifica, em sede de ilicitude, quando se desencadear uma situação de vitimação ou insegurança para bens jurídicos, embora não reúna, por circunstâncias imprevisíveis, condições de consumação. Atentará contra o Direito Penal do facto, no entanto, punir a tentativa impossível em razão de puros factores de prevenção geral ou especial exteriores aos que podem fundamentar o ilícito do facto, como pretende a teoria da impressão[47].

Assim, é aceitável que sejam puníveis todas as situações de tentativa impossível em que o curso do processo causal não foi em concreto viável, mas se gerou uma ameaça para os bens do agente, apenas frustrada por factores imprevisíveis. Nestes casos, não são a mera perigosidade do agente ou os sentimentos de

---

MITTERMAIER, Carl Josef Anton, "Beiträge zur Lehre vom Versuch der Verbrechen" em *Neues Archiv des Criminalrechts*, vol. 1 (1816/1817), p. 163 e ss.). Sobre a evolução do pensamento germânico acerca da tentativa impossível, cf. MALITZ, *ob.cit.*, p. 134 e ss..

[46] Assim, já os autores antigos já citados, como ROSSI e ORTHOLAN configuravam a tentativa relativamente impossível.

[47] Sobre a crítica à teoria da impressão, cf. ZACZYK, *ob.cit.*, p. 21 e ss.. Ver ainda, com interesse, ALWART, Heines, *Strafwürdiges Versuch*, 1981, p. 208 e ss..

confiança no Direito que justificam a punibilidade. Como em todo o ilícito, a justificação da punibilidade é fornecida por uma perturbação do ambiente de segurança dos bens jurídicos ameaçados.

Tal como ZACZYK aponta, em certos casos de tentativa impossível verifica-se uma redução da esfera de liberdade da vítima, ou melhor, das suas possibilidades de acção. A vítima do planeado homicídio não sobreviria se estivesse em casa; a vítima do furto sofreria a subtracção se trouxesse consigo o dinheiro. Por outro lado, nos crimes sem vítima individual, em que a sociedade é o imediato titular do bem jurídico tutelado, estar-se-á perante uma diminuição das condições de segurança geral. A hipótese que não se concretiza indicia que a esfera de acção e de liberdade da vítima foi comprimida[48] ou que as condições de segurança geral foram restringidas.

Fora destes casos, outras situações de inaptidão dos meios ou de inexistência do objecto não chegam a revelar esta afectação dos bens jurídicos ou esta diminuição da segurança. Assim, disparar sobre um cadáver ou ingerir substâncias abortivas quando não se está grávida não consubstanciam qualquer ilícito. As condições de segurança dos titulares dos bens jurídicos não são restringidas. A vítima hipotética do homicídio estava

---

[48] Ideia que me aproxima de ZACZYK, *ob.cit.*, p. 263 e ss..

morta e a vida intra-uterina não chegou sequer a for-mar-se. A mera convicção generalizada em sentido contrário não basta para fundamentar o ilícito da tentativa

Já disparar em direcção de um vulto que é apenas um animal, quando a pessoa visada se encontra no lado contrário, põe em causa a liberdade de acção e a esfera de protecção de bens jurídicos que o Direito assegura a todos[49]. Mesmo que, em concreto, se afirme que não seria possível atingir a vítima naquelas circunstâncias, terá ocorrido uma afectação da sua esfera de segurança.

c) *Graus de possibilidade e mundos alternativos*

15. A reflexão inicial sobre se todas as tentativas não são, afinal, impossíveis tem agora um desenvolvimento *sui generis*. Por um lado, a impossibilidade de toda a tentativa corresponde ao reconhecimento da inviabilidade de uma acção num mundo concreto específico, qualquer que seja a causa. Por outro lado, toda a impossibilidade é relativa e haverá mundos (mais ou menos) alternativos em que a acção seria viável.

---

[49] Também resolverei como tentativa impossível punível a oferta de dinheiro em troca de droga a traficante habitual que não tem, de momento, produto para vender. Aí, a segurança geral afectada pelo tráfico já é perturbada com a alimentação, sem sucesso no caso concreto, das cadeias de oferta e procura.

Todas as tentativas serão sempre, nesta lógica, impossíveis num mundo, mas serão possíveis em "mundos alternativos de acontecimentos". A diferença entre as tentativas ditas possíveis e as impossíveis torna-se uma questão de descrição do mundo e também de grau, isto é, de quantidade de "mundos alternativos" em que a possibilidade se concretizará. Mas essa diferença tem repercussões na interpretação dos poderes do agente sobre a realidade.

Nas próprias tentativas supersticiosas, haverá "mundos de acontecimentos" em que a consumação seria viável se as condicionantes causais variassem. Mas já na tentativa dita impossível por faltar acidentalmente o objecto da acção (por exemplo, no furto a carteira estava vazia) a proximidade de mundos alternativos em que o crime se consumaria seria considerável. Assim, se *A* não tivesse saído de casa à pressa, o homicídio consumar-se-ia. Se o patrão não tivesse adiado o pagamento, *B* possuiria o dinheiro que o carteirista pretendia subtrair. A distinção entre tentativas ditas possíveis e impossíveis é, deste modo, relativa. Todas podem, a uma certa luz, ser impossíveis e todas serão possíveis numa perspectiva de "mundo alternativo".

Esclarecerá esta lógica a perspectiva anterior, de exigência de afectação da segurança dos bens jurídicos por um desequilíbrio resultante do comportamento do agente em todo o ilícito tentado? Se os mundos alternativos representarem esferas de acção alternativas – *o próprio campo das possibilidades de actuação do agente* – compreende-se que se entenda ainda uma tentativa não susceptível de produzir o resultado em concreto, por inaptidão do meio ou inexistência do objecto, uma e outra "relativas", como afectação de bens jurídicos e da segurança e da liberdade do respectivo titular.

Descobre-se, assim, nas diversas dimensões da *punibilidade*, o núcleo do ilícito da tentativa. De certo modo, não há lugar para uma distinção absoluta entre tentativas possíveis e impossíveis, mas apenas para a verificação dos graus de possibilidade de todas as tentativas, afinal, de certo modo, sempre impossíveis.

Nesta perspectiva, a pintura de Magritte sugere que o pintor completará a sua criação em algum mundo cujas leis causais são diferentes: é essa a sua dimensão do possível. Se a criação do modelo fosse um crime (quiçá uma clonagem, caso esta fosse incriminada), talvez tivesse sentido considerá-la uma tentativa impossível, na medida em que os mundos alternativos em que a tentativa se concretizaria são distantes e diversos do mundo de fenómenos em que o pintor executa a sua obra. A ameaça para a sociedade, porém, não se traduziria em qualquer diminuição da segurança dos bens em questão.

16. A distinção entre a tentativa impossível punível e o crime impossível pode ser operada através desta metáfora dos mundos alternativos. No crime impossível, todos os actos necessários à violação da lei, segundo o agente, foram executados. Apenas não existe qualquer hipótese de a lei vir a ser violada porque a conduta não é, em abstracto ou em concreto, proibida.

Os mundos alternativos em que a mesma conduta seria punível não são configurações causais de acontecimentos próximas do real, mas sim universos mais ou menos distantes com outros valores – hipóteses em que a lei cobriria a conduta do agente. Por exemplo, o incesto ou a homossexualidade entre adultos seriam puníveis.

Por outro lado, nas situações em que a impossibilidade resulta da falta de uma qualidade típica do agente, erroneamente assumida por este – por exemplo, o agente da corrupção passiva julga que é um funcionário público –, verificar-se-á ainda uma tentativa impossível, tal como nos casos de inexistência do objecto. Se, diferentemente, o autor está convencido de que, sendo jornalista, a corrupção é punida, o que não acontece, estar-se-á já perante um crime impossível.

Só a tentativa impossível por inidoneidade do sujeito pode colocar ainda o problema da punibilidade. Porém, se o agente não é funcionário público nunca poderá cometer uma corrupção ou um peculato nem os bens jurídicos protegidos podem ser postos em causa em alguma dimensão não meramente simbólica. A sociedade ou o Estado não são ameaçados em nenhuma perspectiva pelo comportamento do jornalista que pensa ser funcionário público, quando na realidade não o é. Estas tentativas impossíveis merecem, na verdade, um tratamento semelhante ao do crime impossível.

d) *A punibilidade da tentativa ante o artigo 22.º, n.º 2, do Código Penal*

17. A análise do conceito legal de actos de execução, consagrado no artigo 22.º, n.º 2, do Código Penal, não foi o ponto de partida deste percurso expositivo. Mas é, necessariamente, o seu ponto de chegada[50].

A fórmula legal parece reunir um critério formal-objectivo e um critério material-objectivo, não deixando espaço para fórmulas subjectivistas, como outras leis prevêem[51]. Não há, igualmente, qualquer referência expressa ao plano do agente.

Tanto a idoneidade dos actos para produzir o resultado típico [alínea *b*) do n.º 2 do artigo 22.º] como a

---

[50] Tal método não corresponde a uma dogmática idealista que menospreza a lei, como ponto de partida da interpretação jurídica, mas depende do facto de a compreensão da solução legal, expressão de uma longa história doutrinária, necessitar da análise prévia dos conceitos gerais de ilícito que surgem como suas possíveis referências.

[51] Refiro-me, por exemplo, aos §§ 22 e 23 do Código Penal alemão.

previsibilidade, segundo a experiência comum, de que se sucederão aos actos praticados pelo agente actos idóneos para produzir o resultado típico [alínea *c*) do n.º 2 do artigo 22.º] indicam ao intérprete uma orientação predominantemente objectivista.

O problema interpretativo essencial é, assim, saber qual o conteúdo valorativo do sistema que permite identificar a idoneidade e a previsibilidade segundo a experiência comum quanto à sucessão de actos idóneos. E é inviável chegar a uma resposta quanto a tal questão sem uma visão global sobre o âmbito da punibilidade da tentativa no Código Penal.

Como o artigo 23.º, n.º 1, prevê a punição de certos casos de tentativa impossível, pergunta-se, desde logo, se os actos de execução abrangem toda a tentativa punível. Com efeito, se assim se entender, considerando que a tentativa possível e a dita tentativa impossível apenas se distinguem quanto às limitações da punibilidade, o conceito de idoneidade dos actos de execução não poderá ter conotações causais e deverá estar relacionado apenas com eventuais juízos de prognose baseados nos conhecimentos do agente ou até da pessoa média perante a situação concreta. A idoneidade subjectivar-se-ia, de certo modo, nesta interpretação. E essa subjectivação relativa seria imposta pela unidade do ilícito do crime tentado.

A corroborar esta interpretação estaria o facto de não ser aceitável que, simultaneamente, os actos de execução exijam um perigo concreto, decorrente de uma causalidade efectiva e não meramente representada nas situações de tentativa possível e prescinda desse requisito nas situações de tentativa impossível por inaptidão do meio ou inexistência do objecto típico (artigo 23.º, n.º 3, do Código Penal).

A hipótese interpretativa, sistematicamente sugerida, de uma autonomia dos actos de execução na tentativa impossível é inviável no plano valorativo, pois levaria a que em situações de tentativa considerada idónea, em que pode até ter chegado a existir perigo concreto, fosse mais restritiva a punibilidade do que na tentativa inapta.

A conclusão a retirar é, deste modo, que o artigo 22.º, n.º 2, define em geral a tentativa e o artigo 23.º, n.º 3, do Código Penal delimita a sua punibilidade. Mas quer isto dizer que a tentativa impossível, em absoluto, delimita o conceito de actos de execução e corresponde ao conceito mínimo de crime tentado? É ela que configura o núcleo do ilícito típico do crime tentado?

Tal conclusão, para que uma certa coerência sistemática nos conduz, não é, também ela, sistematicamente justificável nem corresponde aos elementos históricos da interpretação, que apelam para uma consideração objectiva[52].

---

[52] Cf. nesse sentido, com muita veemência, CAVALEIRO DE FERREIRA, *ob.cit.*, p. 410 e ss..

A idoneidade dos actos de execução tem de conter uma objectividade que ultrapassa as limitações de um puro juízo subjectivo. Tal como no artigo 22.º, n.º 2, alínea *c*), se remete para uma previsibilidade de acordo com as regras da experiência, também a idoneidade dos actos há-de requerer um entendimento pacífico, segundo a experiência, comum sobre a susceptibilidade de a consumação se produzir.

Resta, assim, uma aparente contradição: por um lado, o conceito geral de tentativa baseia-se num critério de idoneidade, objectivo; por outro lado, a tentativa inapta há-de caber naquele mesmo conceito de idoneidade, sendo ela mesma insusceptível de produzir o resultado típico.

A única forma de resolver a contradição é, exactamente, a concentração num conceito de idoneidade que prescinda de uma efectiva causalidade e, ao mesmo tempo, configurar a tentativa impossível por inaptidão do meio ou inexistência do objecto segundo uma lógica de idoneidade objectiva *ex ante*, de acordo com um juízo geral de experiência comum. O resultado há-de ser, assim, uma relativa contaminação da tentativa possível pela tentativa impossível e vice-versa.

Uma pergunta que subsiste é a de saber se o plano do agente pode de alguma forma ser critério interpretativo da idoneidade. Tal como é sugerido por EDUARDO CORREIA nas *Actas da Comissão Revisora do Código*

Penal[53], o plano do agente substituirá a exigência de uma unidade naturalística dos actos[54] e poderá ser um elemento interpretativo da idoneidade à luz da própria experiência comum. Não há, todavia, uma subjectivação dos actos executivos nem uma função do plano do agente ampliativa e antecipadora da tutela penal. O plano do agente apenas permitirá concluir, à luz da experiência comum, pela idoneidade dos actos ou pela previsibilidade da sucessão de actos idóneos.

Assim, se *A*, segundo o seu plano, dever confeccionar, de manhã, uma sopa envenenada para, à noite, a servir ao marido, *B*, não bastará a existência do plano para caracterizar a confecção da sopa como acto executivo. Mas se o plano consistir em deixar a sopa de manhã, na cozinha, para à noite, como é habitual, a vítima se servir dela, tal plano demonstrará a redução da segurança da vítima segundo um critério de experiência comum, o que permite afirmar o preenchimento da hipótese normativa do artigo 22.º, n.º 2, alínea *c*).

A leitura interpretativa do artigo 22.º, n.º 2, impõe uma concepção dos actos de executivos que apela a um conceito de ilícito simultaneamente objectivista e comum ao da tentativa impossível, apelando a critérios

---

[53] *Actas da Comissão Revisora do Código Penal*, Parte Geral, vol. I e II, p. 170 e ss..

[54] *Actas* ... cit., p. 168 e p. 171.

de previsibilidade e de cognoscibilidade médias. Não concluirei, porém, mais do que as referidas normas permitem concluir sobre o seu sentido.

e) *Análise dos artigos 22.º, n.º 2, e 23.º, n.º 3, do Código Penal; a constitucionalidade da punição da tentativa impossível*

18. O artigo 22.º, n.º 2, pretende exprimir um critério que, à luz do princípio da legalidade, é condição essencial da punição da mera tentativa.

A sua razão de ser é, desde logo, constitucional na medida em que se tratará de uma extensão da punibilidade[55]. Mas tal extensão, que permite punir quem realizar plenamente o facto típico, tem de satisfazer outras exigências, de ordem constitucional: deve ser a expressão de um ilícito adequado ao Direito Penal do facto e à exigência de ofensividade. Como vimos, um juízo de tipicidade na tentativa depende, necessariamente, de um critério material que realize a unidade do ilícito.

---

[55] Não é extensão geral da tipicidade, pois decorre dos concretos tipos legais que as acções tentadas são descrições que surgem nos tipos legais na forma consumada. O que o artigo 22.º alarga é a punibilidade para o crime não consumado, o que, na verdade, é apenas uma dimensão limitada da tipicidade.

O artigo 23.º, n.º 3, de acordo com o seu sentido literal e a sua intenção histórica só coloca limites de reconhecibilidade geral *ex ante* da perigosidade da tentativa impossível. A punibilidade da tentativa impossível só é aceitável, porém, com as restrições de uma interpretação valorativa, à luz de um conceito de ilícito unitário que se retira dos princípios penais do Estado de direito.

Implicará essa lógica uma interpretação parcialmente revogatória dos artigos 22.º, n.º 2, e 23.º, n.º 3, do Código Penal? Ou, pelo menos, corresponderá à defesa de uma interpretação restritiva daqueles preceitos, de acordo com a Constituição? A resposta não pode deixar de ser afirmativa, na medida em que a interpretação daquele preceito conduza à punibilidade de toda a tentativa impossível, para além da necessidade de protecção penal justificada pela afectação das condições de segurança dos bens e liberdade de acção dos respectivos titulares.

Assim, seria inconstitucional, por violação do princípio da legalidade, na sua vertente *nullum crimen sine actione*, e do princípio da ofensividade, que se retira do artigo 18.º, n.º 2, da Constituição, a punição por tentativa impossível de homicídio de quem disparar sobre um cadáver ou a punição por tentativa impossível de aborto da mulher que se submeta a uma intervenção abortiva sem estar grávida. A interpretação dos artigos 22.º, n.º 2, e 23.º, n.º 3, de acordo com a chamada teoria da impressão conduziria a um sentido inconstitucional daquelas normas ao impor a punibilidade de determinadas situações de tentativa absolutamente impossível em que não seja manifesta a inexistência do objecto ou a inaptidão do meio.

Em suma, a interpretação dos artigos 22.º, n.º 2, e 23.º, n.º 3, com recurso a um conceito de ilícito que permita indagar o substrato de ilicitude dos actos de execução, conduz a uma discussão de constitucionalidade à luz da qual nem todas as concepções apoiadas na letra da letra da lei são aceitáveis.

f) *O ilícito da tentativa nos crimes omissivos impróprios, nas actiones liberae in causa e nos crimes formais*

19. A definição dos actos de execução na omissão imprópria, nas *actiones liberae in causa* e nos crimes formais suscita uma complexidade acentuada pela própria identificação de uma acção no sentido geral.

No crime omissivo, a tentativa reflecte sempre um não-acontecimento. Não se verificando o resultado típico, a punição da tentativa na omissão imprópria pode transfigurá-la numa omissão própria – o que, dada a especialidade da punição da omissão, se torna duvidoso. As omissões próprias estão especialmente previstas como crimes formais e autónomos na Parte

Especial e o artigo 10.º, n.º 1, do Código Penal parece admitir apenas o crime omissivo consumado na sua enunciação típica, uma vez que refere a omissão da acção adequada a evitar um resultado.

O facto de o artigo 10.º, n.º 1, ser interpretado como uma regra de equiparação geral da omissão à acção nos crimes de resultado (ressalvando a existência de outra intenção da lei, que parece reportar-se aos crimes de mão própria) permite-nos superar esta objecção. Porém, a determinação do momento do início da execução no crime omissivo não poderá situar-se numa linha abstracta de mera violação do dever de agir que transfigure a tentativa omissiva numa omissão pura. A execução da omissão também exigirá uma interpretação dos critérios do artigo 22.º, n.º 2, na perspectiva sistemática de uma razoável diminuição da segurança para o bem jurídico e de perda de liberdade ou de oportunidade para a vítima de o fruir. Esses aspectos darão conteúdo, no âmbito da omissão, às ideias de idoneidade e previsibilidade contidas nas alíneas b) e c) daquele preceito.

Assim, se a mãe, com dolo de homicídio, deixar o filho – uma criança – fechada em casa sem alimento, não haverá logo, desde esse momento, uma tentativa de homicídio, apesar de já ter sido tomada a decisão criminosa. Só haverá tentativa a partir do momento em que, se a mãe não regressar, a criança poderá morrer ou as suas hipóteses de sobrevivência diminuírem. Na verdade, a violação do dever de assistência já se iniciou antes, quando a mãe saiu de casa, mas a execução do homicídio exige uma afectação das condições de sobrevivência. Assim, por exemplo, se a mãe for entretanto presa por outras razões (como sucedeu a uma jovem cidadã portuguesa residente na Suíça) e decidir nada dizer sobre a situação do filho, verificar-se-á uma restrição significativa das possibilidades de sobrevivência deste.

A execução do facto inicia-se, assim, quando factores objectivos, conhecidos e controláveis pelo agente puderem agravar a situação da vítima[56] que o tipo legal de crime visa proteger. Nessa base, poder-se-á admitir que a omissão corresponde à prática de actos idóneos a produzir o resultado típico ou, pelo menos, de actos de natureza a fazer esperar que eles se sucedam [artigo 22.º, n.º 2, alíneas *b*) e *c*)].

20. Quanto às *actiones liberae in causa*, o início da execução pode ainda referir-se ao momento anterior à acção idónea para produzir o resultado típico, conforme se prevê no artigo 22.º, n.º 2, alínea *c*). Se o início da execução for referido a uma redução da segurança do bem jurídico, a tentativa poderá verificar-se a

---

[56] Será também neste momento que a própria mãe pode ser considerada suspeita de uma tentativa de homicídio.

partir do momento em que se iniciar uma afectação do ambiente de segurança em torno da vítima – e não logo no momento da ingestão de bebidas alcoólicas ou do consumo de drogas com essa intenção pré-ordenada. A consideração de que a colocação em estado de inimputabilidade consistiria já na prática de actos de execução prescindiria dos critérios de ilicitude relevantes neste domínio.

É de novo o artigo 22.º, n.º 2, que permite chegar a esta solução, através da referência aos critérios de idoneidade e previsibilidade.

21. Finalmente, os crimes formais – de mera actividade e de omissão pura – poderão surgir na forma tentada?

É difícil responder ao problema em geral, dada a variedade dos tipos legais. Também se poderá pensar que a violação do dever de acção ou de omissão, que constitui a substância quase exclusiva do ilícito destes crimes, só se verifica quando o comportamento típico se realiza integralmente.

Por exemplo, o agente não efectua no prazo fixado a prestação devida à Segurança Social ou coloca em circulação, no interior do território nacional, mercadorias em violação de leis aduaneiras[57]. O facto de não

---

[57] Trata-se, no primeiro caso, de um crime de abuso de confiança contra a segurança social e, no segundo, de um crime

ter criado antes as condições para cumprir o dever não parece constituir ainda qualquer violação da norma. Não haverá ainda ilícito típico, já que as normas prescrevem acções ou proíbem omissões.

É concebível, todavia, que em certas situações o agente esteja prestes a violar o dever, por ter criado condições para o efeito, mas não execute integralmente o crime – podendo ser impedido de o fazer por factores externos.

Assim, por exemplo, imagine-se que o agente decide colocar em circulação mercadorias, em violação de leis aduaneiras, acordando com certas empresas a respectiva venda, mas estas empresas caem numa situação de falência que inviabiliza o negócio. O mesmo se passará se alguém, para se introduzir em casa alheia, obtiver, fraudulentamente, a chave dessa casa (artigo 190.º do Código Penal). Ou ainda, noutra hipótese com idêntico significado, se o agente começar a recolher dados, através de um inquérito, para elaborar um ficheiro relativo à filiação partidária e às convicções religiosas dos seus empregados (artigo 193.º do Código Penal).

Também quanto às omissões próprias, especificamente, é concebível uma tentativa, à semelhança do

---

de contrabando de circulação. Ambas as infracções estão previstas no Regime Geral das Infracções Tributárias, aprovado pela Lei n.º 15/2001, de 5 de Junho (artigos 107.º e 93.º, respectivamente).

que pode suceder num crime de mera actividade cuja execução não foi integral. Imagine-se, por exemplo, que o agente sai do automóvel, vê um sinistrado carente de socorro e se prepara para abandonar o local, só não o fazendo por ter sido forçado, por um terceiro, a conduzir o ferido ao hospital. Neste caso, como é óbvio, não há desistência voluntária e o agente poderia ser punido por tentativa de omissão de auxílio desde que se tivesse afastado do local ou adoptasse outra conduta da qual se inferisse a execução parcial do crime[58]

---

[58] Note-se, porém, que a tentativa nunca poderia ser punida neste caso, dado o limite máximo da pena cominada para o crime consumado – cf. artigos 23.º, n.º 1, e 200.º, n.º 1, do Código Penal. O mesmo se passa quanto à violação de domicílio prevista no artigo 190.º do Código Penal, mas já não quanto aos crimes de devassa por meio de informática e de contrabando de circulação, cujas tentativas são puníveis, apesar de aos crimes consumados respectivos não corresponderem penas de prisão superiores a três anos, por força de previsão legal expressa – cf. artigos 193.º, n.º 2, do Código Penal e 93.º, n.º 2, do Regime Geral das Infracções Tributárias, respectivamente

V
O papel da decisão criminosa na configuração do ilícito da tentativa

a) *Decisão criminosa e dolo na tentativa: o problema da tentativa negligente*

22. À configuração do ilícito na tentativa é imprescindível uma certa conexão entre a dimensão objectiva da execução e a sua dimensão subjectiva. Tal conexão evidencia-se na própria configuração dos actos de execução, em que o resultado a obter é um elemento interpretativo identificador da realização do tipo e o projecto do agente um elemento a considerar nos juízos de idoneidade dos actos e de previsibilidade quanto à sucessão de actos idóneos. É a própria decisão criminosa que permite que os actos de execução atinjam relevância suficiente para que a punibilidade do ilícito da tentativa se possa relacionar com a do crime consumado e não consista apenas num autónomo crime de perigo.

Assim, a tentativa de um crime revela sempre um desvalor da decisão que ultrapassa o desvalor da acção praticada. Nesse sentido, há um complexo desvalor da acção cujo objecto é um dolo de crime consumado e uma acção de crime tentado. A estrutura da tentativa assemelha-se por isso à dos chamados crimes de resultado cortado ou parcial, na medida em que o dolo abarca um resultado não contido no tipo objectivo e este abrange apenas a criação de uma situação de insegurança para os bens jurídicos protegidos, através do início da realização do facto típico[59].

Perguntar-se-á se não seria concebível também, ante os princípios que regem a configuração do ilícito penal, uma tentativa negligente.

A razão de fundo para uma resposta negativa assenta na inviabilidade de os actos de execução, só por si e na ausência de resultado, serem identificados como acção de certa espécie, a do crime consumado, abstraindo do dolo de consumação (intenção no sentido de finalidade). Uma tentativa negligente não seria mais do que um crime de perigo negligente previsto em termos genéricos – e, portanto, com um diminuto grau de respeito pela exigência de tipicidade.

Por outro lado, a tentativa é uma extensão da punibilidade de tipos dolosos, nos termos do artigo 22.º, n.º 1, que expressamente requer a existência de decisão criminosa. Há assim, desde logo, obstáculos materiais e legais que inviabilizam a tentativa negligente.

---

[59] Embora nos crimes de resultado cortado ou parcial haja uma incriminação autónoma.

No plano sistemático, a consagração da tentativa negligente tornaria desnecessária a tipificação de crimes de perigo. Ao nível valorativo, tal consagração entraria em contradição com a regra da punição do crime negligente (consumado) apenas nos casos especialmente previstos.

Tal solução anteciparia de modo excessivo a tutela penal em situações em que o desvalor da acção não o justificaria.

De qualquer modo, não sendo impossível punir a negligência abstraindo do resultado, a admissão de tentativa negligente seria incorrecta nos planos lógico e linguístico. De acordo com o sentido comum da linguagem, *tentar algo* pressupõe *intencionar*, ou seja, a decisão de realizar um fim, o que não pode deixar de equivaler a uma exigência de dolo.

b) *Espécies de dolo e tentativa*

23. Finalmente, o facto de um dolo de facto consumado ser conformador do crime tentado implicará que esse dolo seja exclusivamente intenção criminosa[60]? Se a intenção identifica a acção e materializa a

---

[60] Conforme sustenta COSTA, José de Faria, em "Tentativa e dolo eventual", separata do *Boletim da Faculdade de Direito de Coimbra*, 1984.

tentativa como tentativa de determinada acção, poderão o dolo necessário e o dolo eventual consubstanciar o elemento subjectivo do crime tentado?

Em sede da definição de dolo, o artigo 14.º do Código Penal prevê modalidades que consubstanciam, todas elas, o conceito de conhecimento e vontade de realização do facto típico, não distinguindo a forma consumada da tentada de realização do facto típico[61].

Mas o argumento decisivo é dado pelo facto de, logicamente, o dolo necessário e pelo menos certos casos de dolo eventual serem compatíveis com o conceito de decisão criminosa.

---

[61] Não concordo, assim, com FARIA COSTA, que argumenta que o preceito legal (artigo 14.º) se refere à realização do facto e não à tentativa de realização do facto. Com efeito, a tentativa é já realização do facto típico. Sem o suporte tipicidade seria violado o princípio da legalidade. Por outro lado, é o próprio autor que, colocando com transparência os seus argumentos, os destrói ao reconhecer que o problema também se poria perante as outras formas de dolo, para além do dolo eventual. E ainda enfraquece mais o seu argumento ao sustentar, de seguida, que o dolo eventual não pode ser decisão criminosa na tentativa, dizendo: "se o agente quer de modo directo ou necessário a realização do facto típico, decidiu também cometê-lo, mas já não se pode do mesmo modo asseverar, pelos motivos apontados, que aquele que representa o facto típico como possível e só se conforma com o resultado decidiu do mesmo modo, praticá-lo" (*ob.cit.*, p. 100). Na verdade, se o dolo eventual não fosse decisão de realização do facto típico, ou, em última análise, decisão pela lesão do bem jurídico não existiria fundamento de culpa para o equiparar às outras espécies de dolo.

Seguindo ANSCOMBE[62], numa obra determinante da Filosofia sobre o conceito de intenção, poderemos assentar em que o comportamento intencional é aquele para o qual a pergunta *porquê* tem como resposta exclusiva a própria vontade de o agente realizar essa conduta. Abarcaria, assim, sobretudo as acções em que o resultado é querido por si mesmo ou como meio necessário. Mas na situação de dolo eventual o agente, ao aceitar o risco da verificação do resultado típico ("conformando-se" com ele, nos termos do n.º 3 do artigo 14.º do Código Penal), preferindo-o aos custos da não realização da sua conduta, inclui essa aceitação nos fundamentos da sua decisão e opta pela lesão do bem jurídico. Na perspectiva do desvalor da acção, do ilícito, não há qualquer razão para diferenciar qualitativamente o dolo eventual.

---

[62] ANSCOMBE, G. E. M., *Intention*, 2.ª ed., 1963. Note-se, no entanto, que o conceito lógico de intenção tem dificuldades sérias em incluir as meras consequências da acção. Assim, por exemplo, KENNY, Anthony, em *Will, Freedom and Power*, 1995, p. 47 e ss., rejeita a inclusão no conceito de acção intencional do dolo necessário e do dolo eventual. Note-se que o Código Penal utiliza o termo "intenção" para definir o dolo directo no n.º1 do artigo 14.º, o que, por exemplo, legitima a conclusão sistemática de que o elemento subjectivo especial de vários crimes de resultado cortado ou parcial, como o furto ou a burla (artigos 203.º, n.º 1, e 217.º, n.º 1, do Código Penal), tem uma estrutura idêntica ao dolo directo – muito embora o elemento subjectivo "geral" desses crimes seja compatível, em princípio, com qualquer modalidade de dolo.

Também não procede o argumento de que uma maior intensidade do dolo tem de compensar, na tentativa[63], a maior debilidade da realização objectiva do tipo pela conduta do agente. Uma tal perspectiva pressupõe que o tipo da tentativa é absolutamente autónomo do tipo do crime consumado, conclusão que não resulta do sistema de articulação entre o artigo 22.º e a Parte Especial. Na realidade, o tipo da tentativa é dado por uma norma ideal, que resulta sempre da conjugação entre o artigo 22.º do Código Penal e uma norma incriminadora, correspondendo a um segmento do tipo contido nessa norma.

---

[63] Tese de ALWART, *ob.cit.*, p. 140 e ss., na linha de SCHMIDHÄUSER, para justificar a punição da tentativa impossível, em que não se verifica o perigo concreto. Tese que FARIA COSTA sustenta, intensamente, para toda a tentativa na base de um entendimento não só de compensação da ausência de desvalor do resultado na tentativa e da autonomia do ilícito da tentativa, mas também na base de uma incompatibilidade entre o conceito de actos de execução e o mero dolo eventual. Como da concepção objectivista de tentativa que FARIA COSTA perfilha não pode decorrer, seguramente, aquela redução das espécies de dolo no conceito de tentativa, o autor procura apoiar-se, fundamentalmente, numa concepção de dolo eventual incompatível com uma leitura dos actos de execução de acordo com o plano do agente. Mas, ao enveredar por esse caminho, adere a uma concepção tendencialmente subjectivista dos actos de execução. Por outro lado, alarga o seu próprio conceito de dolo eventual a hipóteses em que talvez não exista verdadeira decisão pelo risco de lesão do bem jurídico.

Por outro lado, essa perspectiva acabaria por exprimir a tese de que na tentativa o objecto do ilícito seria, conforme as concepções subjectivistas, a vontade contrária à Ordem Jurídica. Aliás, mesmo que se considere a tentativa como uma espécie de crime de intenção ulterior, isto é, com um elemento subjectivo especial da ilicitude, nada impede que se admitam o dolo necessário e o dolo eventual como seus títulos subjectivos[64]. A função do dolo na tentativa é, sem dúvida, mais determinante da identificação da acção típica do que no crime consumado – o que pode tornar mais difícil a qualificação dos factos como actos de execução, sobretudo nas hipóteses de dolo eventual – mas é preenchida por qualquer espécie de dolo[65], como modo

---

[64] Assim, por exemplo, ROXIN, *ob.cit.*, p. 354 e ss. e STRATENWERTH, *ob.cit.*, p. 30 e ss.. Também FARIA COSTA reconhece que é duvidosa a validade do argumento carreado por este tipo de crimes (*ob.cit.*, p. 92 e ss.). Com efeito, a eventual exigência de um elemento subjectivo semelhante ao dolo directo em crimes como o furto ou a burla pode resultar da descrição típica e da utilização do termo intenção no n.º 1 do artigo 14.º, mas não da "natureza das coisas" ou da circunstância de estar em causa um elemento subjectivo incongruente com o tipo objectivo.

[65] No caso de Abraão, poderia existir, no caminho para o monte, dolo condicional, se se entender que a decisão de matar Isaac estaria dependente de uma confirmação ou possibilidade de revogação da ordem de Deus. Nesse caso ainda não teria sido iniciada a tentativa. Porém, se pudermos concluir que Abraão, embora não desejando a morte de Isaac (mas dispensando a confirmação e admitindo a não revogação da ordem)

de expressão de uma decisão de realização do facto típico.

De alguma forma, poderei concluir agora que a exigência de dolo (em qualquer das suas modalidades) é ainda expressão, na tentativa, de um Direito Penal do facto e de uma construção do ilícito de pendor objectivista. E isto é assim na medida em que o crime tentado só exprime a identidade da acção descrita em função da lesão (ou colocação em perigo, efectivo ou presumido) de bens jurídicos, a qual é plenamente realizada no crime consumado.

Decorre do Direito Penal do facto que a objectividade do comportamento criminoso só é conseguida através da identificação plena da espécie de acção – isto é, pela sua caracterização como acção de certo tipo. Na tentativa, a identificação do facto como momento idóneo (subjectiva e objectivamente) para a consumação é uma decorrência da própria tipicidade, que é comum ao crime consumado. Esta é construída pela correspondência da acção concreta ao início de execução da acção prevista no tipo legal de crime da Parte Especial, através dos critérios do artigo 22.º, n.º 2, do Código Penal.

---

decidiu empreender a caminhada aceitando todas as consequências, os dados do problema são alterados.

VI
Desistência e ilícito da tentativa

a) *A não consumação e a não imputação do resultado à acção do agente*

24. A tentativa caracteriza-se negativamente pela não consumação, tanto por não verificação do resultado como pela sua não imputação à conduta do agente.

Se, no momento em que Abraão desistiu de matar Isaac, um raio o matasse ou um movimento do cutelo atingisse Isaac acidentalmente, o crime de homicídio não se consumaria apesar de o evento típico se ter produzido. A ideia de tentativa pressupõe que o resultado pode ser produzido sob o total controlo da vontade e em condições de plena liberdade do agente. O agente é menos severamente punido porque esse poder de consumação que detinha não se efectivou.

Por isso, a ideia de não consumação por não imputação do resultado é dificilmente articulável com a tentativa impossível. Na tentativa impossível não houve qualquer falha de um poder de realização (por erro, deficiência ou interrupção) mas uma insusceptibilidade de consumação. Se Abraão tivesse sido acometido por uma paralisia no momento de matar Isaac, o seu poder de consumação inexistiria, não tendo sequer sentido falar-se em não consumação.

b) *A desistência voluntária*

25. Mas, voltando à história que orientou esta aula, resta perguntar se Abraão desistiu voluntariamente.

A Bíblia sugere que foi a intervenção divina que o deteve. Como Abraão não era um agente fungível de um aparelho de poder que cumpria apenas ordens, mas um homem profundamente religioso que vivia a tragédia da sua existência, é impossível não ver na suspensão do seu acto uma desistência voluntária, se tivermos em conta a análise do processo de formação da vontade. Só numa leitura da Bíblia que visse Abraão como um autómato de Deus não se concluiria assim.

A voluntariedade da desistência apenas significa que o agente ainda detém o poder de consumar. Não interessa que a ponderação de valores operada pelo agente considere mais útil desistir ou que a desistência resulte de um impulso egoísta. Para o Direito é essencial permitir que o agente regresse à legalidade, por ele mesmo, como pessoa responsável e livre, quaisquer que sejam os seus motivos.

A voluntariedade não pode, porém, significar uma mera desvinculação da pessoa do agente do seu acto, mesmo que o resultado suceda, pois isso poderia acontecer ainda nos casos de desistência ineficaz e consumação[66]. Ela tem de surgir como total compensação do ilícito perante a Ordem Jurídica, tendo deste modo um efeito reparador. É isto que justifica a imposição de desistência activa nos casos de tentativa acabada, em que não basta o mero abandono da execução para evitar a consumação do crime (artigo 24.º, n.º 1, do Código Penal). Do mesmo modo, a exigência de comportamento impeditivo também se justifica nos casos em que se distingue entre consumação formal e consumação material do crime (artigo 24.º, n.º 1, parte final). E, por fim, nas hipóteses de comparticipação, em que o sucesso da empresa criminosa não depende apenas de quem desiste, exige-se deste um esforço sério para impedir, conforme os casos, a consumação formal ou material (artigo 25.º).

Claro que a exigência de um comportamento reparador revela que, há uma alteração objectiva do desvalor. O agente deixa de ser censurável não apenas em função do merecimento da sua vontade mas de um valor positivo que a sua acção de impedir a consumação ou a lesão de bens jurídicos suscitou. Trata-se de uma

---

[66] Nos casos de desistência ineficaz sem consumação, ou seja, quando a consumação é evitada por um factor externo, a impunidade do agente depende do "esforço sério" para a impedir – ou para impedir a consumação material, no caso dos crimes de perigo (artigo 24.º, n.º 2, do Código Penal).

perspectiva de certo modo premial do Direito Penal, que corresponde à valoração positiva da conduta que visa cumprir a norma jurídica.

A solução legal de reduzir a não punibilidade aos casos em que a actuação do agente teve efectivo êxito compreende-se porque estamos perante uma tentativa e não perante o crime consumado. Todavia, se a desistência voluntária do agente não foi capaz de evitar a consumação mas foi um outro factor que paralisou a consumação, justificar-se-á, igualmente, a solução da desistência voluntária se o agente se esforçou seriamente. Na realidade, não só estaríamos perante uma situação análoga à tentativa impossível, como existiriam razões de culpa e de prevenção bastantes para tal solução. Por outro lado, na figura da tentativa impossível não se pode excluir a própria relevância da desistência voluntária em que, naturalmente, a não consumação nunca dependerá da desistência.

VII
Conceito unitário de execução do crime e diferentes formas de infracção e de configuração do ilícito criminal na teoria do crime

a) *Tentativa e conceito geral de crime. Um conceito material de tentativa?*

26. Foi rejeitada uma orientação que afeiçoasse o tipo objectivo do crime tentado a puras necessidades de política criminal, de prevenção especial e geral e que, por isso, permitisse uma formulação subjectivista dos actos de execução ou de acordo com puros critérios de perigosidade do agente.

A tentativa participa do conceito geral de ilícito que permite qualificar um facto como crime na teoria geral da infracção. Os princípios que orientam a definição de actos executivos e o conceito de tentativa são o Direito Penal do facto e a ofensividade.

Esta última ideia impõe que o critério de delimitação dos actos executivos relacione a acção com a esfera de protecção do titular do bem jurídico. A esta luz deve averiguar-se, numa perspectiva de previsibilidade, se há restrição das possibilidades de salvaguardar o bem jurídico protegido. É a ideia de dano que ainda comanda, assim, o ilícito da tentativa, surgindo esta como um *minus* e não como entidade inteiramente diferente do crime consumado.

Poder-se-á, então, perguntar qual a relação entre o crime tentado e os crimes de perigo, na perspectiva do tipo objectivo. Serão os actos de execução verdadeiros tipos objectivos de perigo ou existirá alguma diferença essencial entre as duas figuras? Será admissível a própria tentativa nos crimes de perigo (incluindo, porventura, os crimes de perigo abstracto) ou, a admiti-la, estaremos perante uma situação semelhante à da tentativa nos actos preparatórios, que sempre tem sido rejeitada pela doutrina?

O problema é, no fundo, saber se o crime tentado é apenas uma fórmula de antecipação da tutela em função de qualquer configuração típica ou se tem uma materialidade determinada pela sua relação com o evento projectado e com o dano. É a segunda orientação que deve prevalecer, não tendo justificação, ante o princípio da ofensividade, conceber tentativas de certos crimes de perigo que corresponderiam a uma dupla antecipação da tutela penal.

Não se deve excluir a punição da tentativa quando está em causa um crime de perigo concreto, em que o perigo é concebido até como resultado típico de natureza normativa, e mesmo em determinados crimes de perigo abstracto, cuja execução parcial revele já uma restrição das possibilidades de salvaguardar o bem jurídico protegido.

No entanto, devemos distinguir duas hipóteses para delimitar, neste âmbito, a punibilidade da tentativa: os casos em que a punição da tentativa conduziria a uma dupla antecipação da tutela penal contrária ao princípio da necessidade das penas e das medidas de segurança (artigo 18.º, n.º 2, da Constituição); e os casos em que a conduta perigosa implica, desde o seu início, uma afectação da liberdade da vítima e da segurança dos seus bens jurídicos analisável em actos que preenchem só em parte a hipótese típica.

Exemplo destes últimos casos é o crime previsto no artigo 287.º do Código Penal e os crimes de empreendimento próprios ou impróprios, em que a tentativa é equiparada à consumação de forma expressa ou implícita, respectivamente. Assim, quem praticar actos conducentes a apossar-se de uma aeronave em voo, introduzindo armas no seu interior sem conseguir os seus intentos por ser entretanto capturado, comete um crime tentado contra a segurança das comunicações, merecedor de punição nos termos gerais.

Haverá, porém, casos (reportados, sobretudo, a certos crimes de perigo abstracto) em que é difícil conceber uma tentativa que não promova a excessiva antecipação da tutela penal a que fiz menção. Assim, a tentativa de condução de veículo em estado de embriaguez, crime de perigo abstracto tipificado no n.º 1 do artigo 292.º do Código Penal, é dificilmente concebível e, por certo, não merece punição: a tentativa corresponderia, por exemplo, a uma situação em que alguém, embriagado, não consegue pôr o automóvel a trabalhar sequer.

Assim, terá de se analisar, caso a caso, o *iter criminis*, para averiguar se há lugar a uma fase de afectação dos bens protegidos prévia à consumação ou se essa afectação só é possível mediante a realização plena da conduta típica.

b) *Conceito unitário de execução do crime e comparticipação criminosa*

27. A possibilidade de manter um critério único de delimitação dos actos executivos para todas as formas de infracção criminal e espécies de crimes corresponde a uma exigência dos princípios que conformam a antecipação da tutela penal.

Nesta linha, é muito debatida a questão da tentativa nas diversas formas de comparticipação criminosa. Trata-se de saber, afinal, se é uniforme ou variável a caracterização dos actos executivos na autoria singular e no crime comparticipado.

Na co-autoria questiona-se, quanto a cada co-autor, se a punibilidade por tentativa depende apenas da prática, por qualquer dos (outros) co-autores, de um acto executivo ou requer um acto daquele de cuja responsabilização se trata.

A conversão da tentativa no crime comparticipado numa soma aritmética de tentativas em autoria singular, com a consequente exigência de que a essa luz sejam praticados actos qualificáveis como executivos, de *per si*, por cada co-autor, é inaceitável. O crime comparticipado é naturalística e socialmente mais complexo, implicando uma conjugação de vontades e de actos e não um *iter* singular para o resultado típico. Os actos de cada co-autor até podem ganhar significado apenas em função da sua convergência na actividade comum.

Mas, por outro lado, se não são exigidos actos de execução de cada co-autor, significa isso desmaterializar a imputação da tentativa quanto a agentes que não chegaram a intervir?

A resposta é negativa. Representando a comparticipação criminosa uma alteração da constituição do facto ilícito, este torna-se, como sustenta CAVALEIRO DE FERREIRA[67], facto comparticipado, o que significa uma

---

[67] Cf. *ob.cit.*, p. 446 e p. 490. Assim, CAVALEIRO DE FERREIRA diz que "«o crime», como objecto de comparticipação, indica a realidade em que todos os agentes comparticipam" e ainda que "a comparticipação é como que um facto complexo, constituído por uma pluralidade de acções ou factos individuais".

potenciação do risco de dano e um agravamento das condições de segurança dos bens jurídicos da vítima.

Deste modo, o início da tentativa do co-autor não se afere pela prática de actos de execução como autor singular por todos os agentes nem por um deles com repercussão na responsabilidade dos outros[68]. Afere-se sim pela prática de actos de execução de um facto comparticipado por um, vários ou todos os co-autores, ou seja, pela ocorrência do início de execução global definido pela idoneidade (ou previsibilidade prévia) quanto à produção do resultado típico, através de uma conjunção de vontades.

Esta lógica impõe o que se tem designado como solução global[69] no tratamento da tentativa na comparticipação e impede que se utilize, de forma automática, o conceito de actos de execução do autor singular

---

[68] Neste sentido, a minha posição aproxima-se da que foi tomada por VALDÁGUA, Conceição, em *O início da tentativa do co-autor*, 1987, p. 207 e ss.. No entanto, não parto de uma autonomização do plano conjunto na definição dos actos executivos na co-autoria, mas sim na repercussão objectiva da acção na segurança dos bens jurídicos, considerando elemento interpretativo o plano conjunto. Por outro lado, admito a tentativa do co-autor que não chegou a realizar a sua parte da execução, o que me afasta da referida autora e também, agora, de FIGUEIREDO DIAS que a acompanha (cf. *Formas especiais do crime – textos de apoio*, 2004, Cap. 37, p. 36 e ss.).

[69] Solução global para que se inclina a maioria da doutrina alemã. Cf. VALDÁGUA, *ob.cit.*, e ROXIN, *ob.cit.*, pp. 413 e ss. e 429 e ss..

como critério de imputação da tentativa ao co-autor. É, diferentemente, a lógica do facto comparticipado que justifica a imputação a todos os co-autores da tentativa. Ora, tal lógica apenas reclama uma específica configuração dos actos executivos, mas não que um co-autor só seja punível se actuou no sentido de um autor singular.

A *aparente* antecipação da tutela relativamente à tentativa do autor singular não viola o Direito Penal do facto e o princípio da ofensividade, na medida em que se fundamenta na danosidade acrescida da comparticipação. A possibilidade de ser co-autor sem ter realizado os actos que lhe competiam decorre apenas do facto de um dos co-autores ter dado início à execução de um facto comparticipado.

Por outro lado, a chamada solução individual[70], segundo a qual a tentativa do co-autor se define pela prática de actos executivos por ele próprio, assenta num equívoco. Na realidade, tal entendimento desvirtua a natureza colectiva do facto comparticipado, isentando

---

[70] Sobre a solução individual cf., entre outros, SCHILLING, *Der Verbrechensversuch des Mittäters und des mittelbaren Täters*, 1975; RUDOLPHI, Hans Joachim, "Zur Tatbestandsbezogenheit des Tatherrschaftsbegriffs bei der Mittäterschaft", em *Festschrift für Bockelmann zum 70 Gerburtstag*, 1979, p. 369 e ss.; KRATZSCH, Dietrich, "Die Bemühungen und Präzisierung der Ansatzformel (§ 22 StGB) – ein absolut untauglicher Versuch?", em *Juristische Arbeitsblätter*, 1983, p. 420 e ss. e p. 578 e ss..

de responsabilidade por tentativa aqueles que decidiram comparticipar num facto cuja execução já foi desencadeada e mantêm o "domínio negativo" desse facto. E, no pólo oposto, pode até permitir qualificar como executivos actos que ainda não exprimem o início da realização do crime, na sua dimensão colectiva.

Assim, num roubo, a qualificação como execução do crime de roubo dos actos de amarrar um polícia ou de um dos co-autores o manter sob ameaça para que os restantes, horas depois, abram a caixa forte do banco só se justifica pela dimensão global do facto. Pela consideração da autoria singular este agente seria autor de crimes de ameaças e coacção e não de tentativa de roubo. Tanto se ultrapassa o plano do significado estrito da acção individual ao punir este co-autor por tentativa de roubo como ao punir os outros nos mesmos termos a partir da sua actuação, como pretende a solução global.

Deste modo, a solução individual na co-autoria só consegue resolver as suas próprias dificuldades através do recurso à dimensão global do facto, embora seja incoerente ao aplicar os respectivos resultados.

28. No que se refere à autoria mediata[71], será também o momento a partir do qual o instrumento crimi-

---

[71] Sobre a tentativa na comparticipação, cf. também STRATENWERTH, *ob.cit.*, p. 285 e ss..

noso se coloca em posição de afectar a segurança e de restringir as condições de liberdade de acção da vítima o que determina o início da tentativa.

Chega-se a esta conclusão, sobretudo, pela interpretação do artigo 22.º, n.º 2, alíneas *b*) e *c*), na medida em que a previsibilidade de que se sigam actos idóneos à produção do resultado típico, baseada num critério de probabilidade média, é potenciada pela conjugação de vontades. Na autoria mediata, a conduta típica formalmente realizada pelo autor material é accionada pelo autor mediato como se o autor material fosse um seu prolongamento – nos termos do artigo 26.º do Código Penal, o autor mediato comete o crime por "intermédio de outrem".

A actuação do autor material pode tornar-se incontrolável e insusceptível de ser abrangida por uma desistência voluntária do mediato. Assim, quem põe nas mãos de um incendiário inimputável o isqueiro para que este ateie o fogo e o conduz ao local pretendido, afastando-se para longe, realiza as condições da actuação subsequente, sem que, no entanto, tivessem sido praticados actos de incêndio numa perspectiva de autoria singular. Todavia, o agente pratica uma tentativa deste crime, à luz do artigo 22.º, n.º 2, alínea *c*), do Código Penal. À "imaterialização" da tentativa opõe-se, neste caso, o domínio do facto do autor material pelo autor mediato. O poder de controlo e o accionamento do processo criminoso concretizam, neste caso, as características da acção típica [artigos 26.º e 22.º, n.º 2, alínea *c*)].

Estaremos assim, bem entendidas as coisas, perante uma *solução global*, pois recorre à lógica do facto conjunto (facto comparticipado), embora na sua expressão individual. Não se determina a execução em função da contribuição de qualquer um dos comparticipantes entendida como autoria singular. Tal critério tem dois pressupostos: a definição dos actos de execução em termos globais e a imputação a cada agente do facto comparticipado.

29. A tentativa de cumplicidade não é punível, por tal punição corresponder a uma dupla antecipação da tutela penal, inaceitável à luz do princípio da necessidade das penas e das medidas de segurança. A questão, que se relaciona com a definição de actos executivos, consiste em saber se o agente pode ser punido por cumplicidade numa tentativa sem ter chegado a concretizar a sua ajuda, apesar de o autor material ter praticado actos de execução.

O próprio princípio da legalidade – para além do princípio da necessidade das penas e das medidas de segurança – parece opor-se, neste caso, à punição de uma cumplicidade que ainda não se efectivou.

Existe, nestas situações, uma importante diferença em relação à co-autoria: o cúmplice não tem domínio do facto[72]. Nunca está nas suas mãos frustrar a realização do facto típico. Nesse sentido, a sua participação efectiva, e só ela, aumentaria o risco e a insegurança para o bem jurídico. Quando nada chegou a fazer, sendo cúmplice material, o seu compromisso não teve qualquer significado para a realização do facto típico.

Por outro lado, a prática do facto do cúmplice não define, de modo algum, o início da realização do facto típico. Nos termos do artigo 27.º, n.º 1, do Código Penal, a cumplicidade caracteriza-se, negativamente, pela ausência de actos executivos. A exigência de prática de tais actos pelo autor para que o cúmplice seja punível por tentativa (cumplicidade na tentativa e não tentativa de cumplicidade) constitui um corolário do Direito Penal do facto e do princípio da ofensividade.

30. Interessa ainda averiguar se a execução do facto do cúmplice pode ser constituída por uma actividade completamente neutra, como parar um carro em frente a uma loja ou aparecer a certa hora numa janela. A afectação da segurança dos bens jurídicos e a diminuição da liberdade de acção da vítima, que justifica a punibilidade da tentativa vale para a caracterização da cumplicidade?

---

[72] Sobre o conceito de domínio do facto, cf. Figueiredo Dias, *text.cit.*, cap. 36.

Embora o facto do cúmplice nunca possa configurar a execução do facto típico, que justificação terá antecipar a tutela penal a um ponto tal em que a conexão com o facto típico apenas resulta do plano do autor material e da vontade de o ajudar por parte do cúmplice? Perde aí o Direito Penal do facto a sua consistência?

A perspectiva que tenho vindo a enunciar, de afectação da segurança dos bens jurídicos e de diminuição da liberdade de acção da vítima continua a ser pertinente nestes casos. As fronteiras da cumplicidade são dadas por um estabelecimento de limites mínimos de contribuição no facto comparticipado.

Uma actividade "neutra" do cúmplice tem de implicar a elevação do risco para os bens da vítima, para além do risco normal resultante da conduta do autor material, isto é, tem de assumir também um conteúdo de ilícito. Tal actividade não será por si idónea para a consumação do crime nem tornará, por si, previsível que se sucedam esses factos. Porém, a contribuição do cúmplice deverá aumentar o risco de os factos previstos nas alíneas b) e c) do n.º 2 do artigo 22.º virem a ser praticados com êxito.

31. Tal como na cumplicidade, também está vedada a punição da tentativa de instigação, apesar de a instigação ser equiparada à autoria no Código Penal português. O artigo 26.º exige claramente que se dê o início da execução do facto pelo instigado.

Não estará em causa, aqui, o conceito unitário de actos de execução, na medida em que também o facto criminoso resulta da conjugação de vontades do instigador e do instigado e, nessa medida, a conduta do instigador poderia ser encarada como primeiro acto executivo[73]? Será aceitável uma tal conjugação do artigo 26.º com o artigo 22.º, n.º 1, do Código Penal?

A resposta deve ser negativa, na medida em que só o autor material detém o domínio do facto e só ele pode fazer fracassar o processo.

A criação de risco e insegurança para os bens jurídicos pela conduta do instigador só se concretiza com o início da execução do crime pelo autor material, aliás decidida por este, embora por influência decisiva do instigador. Até lá, a esfera de segurança dos bens jurídicos e a liberdade da vítima não são postas em causa.

32. A análise precedente permite enunciar a característica determinante de um conceito unitário de actos executivos, a ser concretizado nas diversas formas de aparecimento do crime. De acordo com os princípios do Direito Penal, na sua dimensão de Direito Penal do facto, é a afectação das condições concretas de segurança dos bens jurídicos e de liberdade dos seus titulares a característica determinante do ilícito tentado.

---

[73] NORMANDO, Vito, *L'istigazione – I problemi generali della fattispecie ed i rapporti con il tentativo*, 1995.

Tal juízo não se basta com a perigosidade do autor, com as especificidades do seu plano ou com uma mera lógica de prevenção geral. É determinado pela relação entre o agente e o titular dos bens que a norma penal visa proteger. É marcado por uma lógica de ofensividade, de acordo com a própria essência do Direito Penal como derradeira forma de tutela dos bens essenciais da liberdade.

VIII
A punibilidade da tentativa

a) *A punibilidade limitada da tentativa*

33. À luz das anteriores considerações, torna-se compreensível que seja de afastar uma punibilidade generalizada da tentativa. A afectação de bens que constitui o ilícito da tentativa é determinada em termos de risco para os bens jurídicos e de possibilidades de acção dos seus titulares.

A esta luz, o princípio da necessidade da pena postula que só seja punível a tentativa de crimes de certa gravidade, pois o peso relativo da segurança em confronto com o valor da liberdade, na ponderação que justifica a antecipação da tutela penal, depende da gravidade do dano – que se induz, desde logo, da medida legal da pena.

É certo que, por vezes, o legislador prevê especialmente a punição da tentativa em crimes cuja pena não atinge a medida geral do artigo 23.º, n.º 3, do Código Penal, por razões de prevenção geral[74]. Não sendo esta

---

[74] Isso sucede, em especial, no domínio dos crimes contra o património – cf. os artigos 203.º, n.º 2, 205.º, n.º 2, 208.º, n.º 2,

uma solução ideal, ela ancora-se em razões de prevenção geral e especial, nomeadamente nas dificuldades de se verificar uma desistência. De outro modo, a igualdade no tratamento dos agentes de crimes puníveis com pena legal idêntica ficaria posta em causa.

b) *Punição obrigatoriamente atenuada da tentativa*

34. Questão conexa, que foi suscitada desde o início, é a de saber se a punição da tentativa pode ou deve ser idêntica à do crime consumado ou se, diferentemente, deve existir ou até é imposta pelo princípio da proporcionalidade (artigo 18.º, n.º 2, da Constituição) uma atenuação obrigatória.

O facto de a tentativa ter de exprimir já o ilícito criminal não a confunde com a máxima expressão desse ilícito, que só surge no crime consumado. Por outro lado, num sistema em que a punição da tentativa não é generalizada, não se compreenderia bem uma possibilidade de punir do mesmo modo a tentativa e o crime consumado.

212.º, n.º 2, 217.º, n.º 2, 219.º, n.º 2, 221.º, n.º 3, 224.º, n.º 2, e 225.º, n.º 2, do Código Penal. Nestes casos, a punição da tentativa pode explicar-se também pela dificuldade de a distinguir do crime consumado e ilustra a relação de interdependência entre Direito e Processo Penal.

Na verdade, tratar-se-ia de uma distorção ao sistema, levando a um dualismo do critério do ilícito que fundamenta a pena. Essa possibilidade permitiria que o julgador – e não o legislador – definisse o valor do ilícito penal, dando ou não relevância ao desvalor do resultado. A solução da atenuação obrigatória da pena no crime tentado é a que melhor se coaduna com um ilícito definido em função da lesão de bens jurídicos.

Numa perspectiva de constitucionalidade, a atenuação facultativa poria em causa, para além da exigência de proporcionalidade (que constitui expressão do próprio princípio da igualdade, em sentido material) os princípios da legalidade (dada a atribuição ao intérprete de um poder de definição da pena para além do desvalor do ilícito) e da segurança jurídica (decorrente da ideia de Estado de direito democrático).

A perspectiva de que, para efeitos penais, o dano produzido vale mais do que o simples perigo também é a que mais se adequa a uma ideia de compensação e reparação de danos inerente ao princípio à necessidade das penas e das medidas de segurança.

Por tudo isto, deve dar-se uma resposta negativa à questão de saber se a tentativa constitui, afinal, o conceito geral do ilícito criminal. A tentativa é já ilícito penal, mas ainda numa expressão mitigada.

IX
Conclusão

a) *O paradoxo de Abraão como caso penal*

35. Depois deste longo e sofrido percurso, acabei por ir resolvendo o caso bíblico pelos parâmetros do Direito Penal, aproveitando algo do que ele evidencia sobre a estrutura ética subjacente aos juízos de valor.

Houve, seguramente, tentativa de homicídio, porque Abraão, mesmo acreditando, porventura, que Deus não permitiria a morte de Isaac, aceitou qualquer decisão. Por isso, agiu com dolo.

Por outro lado, mesmo que no caminho só se pudesse divisar um dolo condicional, já houve um dolo efectivo, contemporâneo da prática do facto, quando Abraão ergueu o cutelo, deixando o desfecho na mão de Deus.

No caminho para Moriah, apesar de tudo, o dolo não estava bem definido. E descrever a caminhada como acto típico de homicídio, quando a conduta não revela objectivamente um plano homicida não é autorizado pelo artigo 22.º, n.º 2.

A tentativa inicia-se quando Isaac é atado, no lugar do cordeiro, no altar do sacrifício. Mas no momento em que Abraão se detém por ter visto o cordeiro, a punibilidade da tentativa esfuma-se, porque há desistência voluntária.

Apesar de se poder entender que Abraão apenas desiste por ter sido essa a vontade de Deus, a verdade é que ele não é um autómato, mas um homem livre e responsável que age de acordo com ponderações. Sejam estas ponderações mais ou menos morais, seja qual for o interesse que prevaleça (mesmo que egoísta) a lei pretende que as pessoas exerçam até ao fim a sua liberdade de desistir – estendendo-lhes uma "ponte de prata" para a impunidade.

Mas terá Abraão praticado uma tentativa impossível, tendo em conta o plano de Deus?

Embora Abraão estivesse, como diz KIERKEGAARD, arrebatado pela fé, era livre. Não creio, por isso, que se possa falar em tentativa impossível. Se o fosse, a teoria da impressão postularia a sua punição. Já a lógica que sustentei teria dificuldade em favorecer tal solução. A vontade de Deus e a moralidade de Abraão conjugadas impediriam em absoluto que aquela experiência dos limites se pudesse chamar *tentativa*.

b) *O quadro de MAGRITTE e a dimensão do surreal na tentativa*

36. Voltando ao quadro de MAGRITTE, poderemos reconhecer que a tentativa implica sempre que a imaginação complete uma acção iniciada, apelando a uma realidade virtual. E se, por um lado, toda a tentativa tem em si o gérmen da impossibilidade, é verdade que a impossibilidade de uma tentativa se converte em surpreendente possibilidade, num outro mundo de realidades. A questão da punibilidade surge nesse contexto.

A punição da tentativa só se pode basear em que algo que não chegou a ganhar a existência projectada actuou já sobre a realidade, atingiu a esfera da vítima e perturbou a sua liberdade e segurança.

A consolidação no mundo real do que se tornou visível (mas não chegou a existir na forma consumada), do que é de certo modo *surreal*, é a característica marcante da tentativa. Nela, o visível falhanço é submerso pela afirmação de que a mera acção destinada a um fim e para esse fim projectada afecta a delimitação das liberdades individuais e dos seus bens que, como disse KANT, cumpre ao Direito assegurar. É nessa lógica *surreal*, mas muito objectiva, que o Direito se afirma validamente.

ÍNDICE
da versão escrita preparatória da Lição

I
Do paradoxo de Abraão ao problema da tentativa em Direito Penal 11

II
A tentativa na teoria do crime: o problema do fundamento da punição da tentativa ante o Direito Penal do facto 15

a) *O problema do fundamento da punição da tentativa: sua formulação* 15

b) *A análise lógica do conceito de tentativa como pressuposto do fundamento da sua punibilidade* 17

c) *O problema da fundamentação da punibilidade da tentativa como legitimidade da intervenção penal e a concepção do ilícito criminal* 22

d) *A fundamentação da punibilidade da tentativa e as alterações contemporâneas nas concepções sobre o ilícito criminal* 23

e) *A questão da punibilidade da tentativa impossível como tema estruturante do ilícito da tentativa* 27

III
Tentativa e Direito Penal do facto 29

a) *Fundamentação do Direito Penal do facto nos princípios de Direito Penal* 29

b) *Fundamentação do Direito Penal do facto e controvérsia moral entre objectivismo e subjectivismo* ... 31

112 *Maria Fernanda Palma*

c) *A discussão entre objectivismo e subjectivismo e o papel identificador das intenções* 35
d) *O problema dos actos preparatórios* 39
e) *Direito Penal do facto, teoria do crime e definição de actos de execução* 40

IV
Execução do facto e ilícito criminal (plano normativo da caracterização dos actos de execução como ilícito típico na tentativa) 45

a) *A importância do conceito de execução do facto na delimitação do comportamento punível* 45
b) *Concepção do ilícito e tentativa impossível* 55
c) *Graus de possibilidade e mundos alternativos* 60
d) *A punibilidade da tentativa em face do artigo 22.º do Código penal* 64
e) *Análise dos artigos 22.º e 23.º do Código Penal; a constitucionalidade da punição da tentativa impossível* 69
f) *O ilícito da tentativa nos crimes omissivos, nas actiones liberae in causa e nos automatismos* 71

V
O papel da decisão criminosa na configuração do ilícito da tentativa 77

a) *Decisão criminosa e dolo na tentativa: o problema da tentativa negligente* 77
b) *Espécies de dolo e tentativa* 79

VI
Desistência e ilícito da tentativa 85

a) *A não consumação e a não imputação do resultado à acção do agente* 85
b) *A desistência voluntária* 86

Da "tentativa possível" em Direito Penal 113

VII
**Conceito unitário de execução do crime e as dife-
rentes formas de infracção e de configuração do
ílícito penal na teoria do crime** 89

a) *Tentativa e conceito geral de crime. Um conceito
material de tentativa?* 89
b) *Conceito unitário de execução do crime e com-
participação criminosa* 92

VIII
A punibilidade da tentativa 103

a) *A punibilidade limitada da tentativa* 103
b) *Punição obrigatoriamente atenuada da tentativa* ... 104

IX
Conclusão 107

a) *O paradoxo de Abraão como caso penal* 107
b) *O quadro de Magritte e a dimensão do surreal
na tentativa* 108

Da "tentativa possível" em Direito Penal

(Texto escrito da Lição proferida em 13 de Dezembro de 2005, nas provas de agregação em Direito realizadas na Universidade de Lisboa)

I
Colocação do problema

De quantos milhões de tentativas é feita a nossa vida?!

> Um pouco mais de Sol — e fora brasa
> Um pouco mais de azul — e fora além
> Para atingir, faltou-me um golpe de asa ...
>
> (*Quase* — Mário de Sá Carneiro)

Um golpe de asa que faltou e que transformou essencialmente o valor da nossa acção!

O reverso deste poema é o "golpe de asa" que também faltou para a consumação de uma acção criminosa.

Ainda bem que faltou, diremos aliviados – Mas se o golpe de asa que faltou não permitiu atingir o além, autorizará punir?

O poema *Quase*, a reprodução do quadro de Magritte, *La tentative de l'impossible*, uma passagem do *Livro do Génesis*.

Não vos direi, agora, a razão da presença de peças tão alheias, aparentemente, ao material jurídico.

É um convite à *stase*, neste longo Inverno, no refúgio da Universidade. É um convite à interrupção do quotidiano, para adquirir forças para a acção (a *stase* e o *envoi* de que fala RICOEUR como dois momentos da leitura)[1].

Assim, lê-se, no *Livro do Génesis*, que Deus ordenou a Abraão que sacrificasse o seu filho Isaac. Abraão conduz Isaac, que não conhece o seu destino, à Terra de Moriah. No momento em que ergue o cutelo para degolar Isaac, vê um cordeiro entre as silvas e compreende que Deus não pretendia o sacrifício do filho, mas sim experimentar a sua fé.

É a fronteira entre o crime e o acto de fé que cria o clímax na narrativa bíblica.

A lição bíblica depende de o comportamento de Abraão não ser um crime. Só assim não haverá contradição com a moralidade que a Bíblia transmite.

Mas, segundo a lógica do Direito, não haverá um crime?

KIERKEGAARD interpreta o caso de Abraão, em *Tremor e Temor*[2], como uma crença até ao fim em que Deus revogaria a ordem de matar Isaac. Crença no absurdo e expressão máxima de fé e não obediência cega.

---

[1] RICOEUR, Paul, em *Temps et récit*, III – *Le temps raconté*, 1985, p. 328.

[2] KIERKEGAARD, em "Elogio de Abraão", *Temor e Tremor* (trad. port. de Maria José Marinho), 2.ª ed., 1990, p. 29 e ss..

Num caso da jurisprudência portuguesa, *A* ordena a *B* que o ajudara a sequestrar *C*, para lhe extorquirem dinheiro, que projecte a vítima da Ponte sobre o Tejo. *B*, *in extremis*, recusa-se a cumprir a ordem.

Num outro caso, uma pessoa encosta a arma à cabeça de um polícia e prime o gatilho, mas a pistola não dispara, apesar de a bala ter sido "picada".

Também nestes casos um certo absurdo, um golpe de asa, impede que a acção se consume.

É irrelevante esse momento para o Direito ou, *repito*, modifica essencialmente o desvalor das acções?

Traduzindo o problema em linguagem jurídica: tentar um crime e consumá-lo revelam idêntica ilicitude, devendo ser punidos da mesma forma, ou são coisas diversas, não merecendo a tentativa sequer a punição ou, pelo menos, não merecendo ser punida da mesma forma que o crime consumado?

O artigo 23.º do Código Penal explicita a solução do Direito português numa linguagem de punibilidade.

A tentativa é punível com a pena aplicada ao crime consumado especialmente atenuada, mas apenas quanto aos crimes cuja pena seja superior a três anos de prisão. Porém, esta regra comporta inúmeras excepções: tentativas que são punidas como crimes consumados, sobretudo no caso de certos crimes contra o Estado (artigo 308.º), e tentativas de crimes cuja pena é inferior a três anos mas são punidas, como sucede na generalidade dos crimes contra o património (artigo 203.º, n.º 2).

Aparentemente, o legislador aceita todas as soluções. *Poder-se-ia chegar a transformar as excepções em regra? Qual o fundamento da regra?*

Tem toda a justificação formular estas perguntas, dada a falta de unanimidade de respostas dos diversos Direitos europeus quanto à equiparação da tentativa ao crime consumado. Veja-se o caso alemão, em que a atenuação da tentativa é meramente facultativa, e a divergência reinante entre os vários Códigos sobre a punibilidade da chamada tentativa impossível.

O problema do fundamento da punibilidade da tentativa, *num plano ético*, é saber se somos responsáveis pelas consequências das nossas acções, pelo bem e pelo mal que introduzimos no mundo, ou apenas pelas próprias acções, por só elas serem controláveis pela vontade.

Se esta última opção for inevitável, pode não se justificar distinguir o valor das acções segundo o grau de adiantamento no sentido da consumação ou até de acordo com a sua idoneidade para a consumação. Acções tentadas e consumadas terão idêntico merecimento.

No plano jurídico, o sentido do problema é saber se a forma nuclear do ilícito criminal é a tentativa ou o crime consumado. Isto é, discute-se a alternativa de fundamentar a intervenção penal no desvalor da acção – se não mesmo no desvalor da vontade – ou na lesão do bem jurídico (seja em termos exclusivos seja em termos predominantes).

E isso tem consequências na construção dos tipos (em regra como crimes de perigo ou crimes de dano) e no próprio conceito de tentativa (assente na autonomia da acção desvaliosa como obra da vontade ou antes na idoneidade para produzir um resultado e uma lesão de um bem identificada pelo resultado).

No plano da política criminal, o sentido do problema é saber se a perigosidade dos agentes justificará, por si, a equiparação da tentativa ao crime consumado ou se desmotivar a consumação do crime constitui razão preventiva bastante para negar tal equiparação.

Esta diversidade de planos contribui para a resposta do Direito.

II
Dependência do problema do fundamento da punição da tentativa do conceito lógico-linguístico de tentativa

A solução a dar à questão do fundamento da punibilidade da tentativa depende, antes do mais, do que se entenda por tentativa num plano lógico-linguístico e ao nível da linguagem jurídica.

HART[3], num texto notável dos seus *Ensaios sobre jurisprudência e filosofia*, distingue duas concepções de tentativa:

> A tentativa como itinerário interrompido para a realização de um facto
>
> e
>
> A tentativa como qualidade de uma acção (susceptibilidade de produzir um resultado ou de exprimir uma certa intencionalidade)

A segunda perspectiva terá prioridade lógica sobre a primeira, pois só é possível interromper um itinerário ou um processo se ele *o for efectivamente*. Se estou no caminho para Faro não posso interromper a ida para o Porto. Mas as duas perspectivas também podem ser cindidas em absoluto, entendendo-se que é ao sujeito da acção que compete definir o caminho e que a tentativa é sobretudo expressão da insistência da vontade. Quem sabe, como diz EÇA na *Correspondência de Fradique Mendes*, se o caminho mais curto entre dois pontos não é uma recta, mas uma curva vadia e delirante?

Assim, no quadro de MAGRITTE, o pintor que completa o modelo pintando o seu corpo, *tenta*, por um processo imaginário que a realidade não comporta, mas

---

[3] HART, *Essays on Jurisprudence and Philosophy*, 1983, p. 367 e ss..

não deixa de realizar uma acção que aceitamos no seu significado de tentar o impossível.

Conclui-se pois, em primeiro lugar, que a qualidade do facto que permite atribuir-lhe o significado de tentativa depende de um modo de descrição e da predisposição do interlocutor para aceitar o que lhe é transmitido.

A mesma acção num plano naturalístico (por exemplo, fechar uma porta) pode ser descrita como um processo acabado, expresso no resultado de a porta ficar fechada, ou como meio de realizar outra acção sequencial, como um sequestro.

Por outro lado, é possível descrever acções através de verbos transitivos, acções que, segundo HART, têm um objecto *extensional* (isto é, com existência espácio-temporalmente separada da acção). Mas também é possível descrever acções que comportam um objecto *intensional* (ou seja, um fim subjectivo que as qualifica).

No primeiro caso, encontram-se matar e furtar; no segundo caso, investigar, procurar e, para HART, também caçar.

A conclusão intermédia a retirar é que o Direito, utilizando a linguagem, pode optar por diferentes modos de descrever acções e de as qualificar como tentativas. No entanto, certos cruzamentos são logicamente absurdos. Assim, se se optar por uma descrição *intensional* do objecto da acção não é razoável articular tal descrição com um conceito de tentativa como itinerário que pressupõe um objecto *extensional* – por exemplo, tentar procurar, tentar investigar, *tentar tentar destruir o Estado de Direito* (artigo 325.º, n.º 1, do Código Penal), ou *tentar tentar incitar à desobediência colectiva* [artigo 330.º, n.º 2, alínea *b*), do Código Penal].

Por outro lado, na descrição de acções com objecto *extensional* a credibilidade da descrição de uma acção como tentativa-itinerário está dependente da acção consumada. Tentar matar não é uma descrição verdadeira se, de alguma forma, a possibilidade de consumação da acção não corresponder à experiência prévia conhecida por todos. Por isso, fazer benzeduras não é tentar matar.

Por fim, uma concepção *intensional* de tentativa, em que esta é pura expressão da insistência da vontade e da intencionalidade, autonomiza de tal modo a tentativa da consumação que só tem sentido considerá-la uma forma específica de acção.

III
Configurações da tentativa e sistema penal.
Há um conceito material de tentativa imposto
pelo sistema de princípios e valores do Direito Penal?

As limitações lógicas a uma disponibilidade absoluta, pelo legislador, do conceito de tentativa não são decisivas. É necessário saber se há limites de validade que se impõem no sistema penal à conformação do conceito de tentativa de um crime. Por outras palavras, haverá um conceito jurídico-material de tentativa?

Procuram-se, assim, critérios sistemático-valorativos, nos termos dos quais se determina o que pode ser um ilícito configurado como tentativa. Certo é que a tentativa, na perspectiva do ilícito, corresponde a uma antecipação da tutela relativamente a factos em que a intervenção penal associada à ideia de verificação de um resultado ou de um dano para o bem jurídico é mais tardia.

O princípio da intervenção do Direito Penal a partir da exigência do dano corresponde à prevalência máxima da liberdade de acção até ao ponto de se justificar uma limitação de direitos ou bens essenciais. A antecipação da tutela a uma fase prévia ou independente do dano corresponderá a uma prevalência, de certa forma excepcional, do valor da segurança sobre a liberdade de acção.

Mas se a protecção da segurança se tornar absoluta na tentativa, permitindo configurá-la como mera contradição entre a vontade e a norma, aí desliga-se o ilícito da tentativa do ilícito do crime consumado e anula-se mesmo a liberdade.

Para manter a antecipação da tutela ainda na lógica de uma restrição mínima da liberdade é preciso justificá-la por uma ponderação entre liberdade e risco de dano, em que o risco de dano, dada a sua gravidade ou iminência, justifica a intervenção penal imediata.

IV
O confronto da justificação da antecipação da tutela penal através da ideia de risco com a tentativa impossível

A fundamentação da punibilidade da tentativa através de um ilícito suportado pela ideia de risco de dano é posta em causa pela figura da tentativa impossível.

Se *A* tenta disparar sobre *B* com uma pistola *ab initio* encravada, não existe risco, numa primeira abordagem, porque não pode, em quaisquer circunstâncias, produzir-se o dano.

Porém, se olharmos para o quadro de MAGRITTE em que o pintor tenta completar a realidade – o corpo do modelo – através da pintura, logo concluímos que há descrições significativas da acção e da tentativa em que esta vale fora de contextos causais.

Tentar o impossível tem sentido à luz de uma ideia de criatividade ilimitada. É uma acção *sui generis* que nada tem a ver com o facto real consumado. Tem sobretudo um significado *intensional*, isto é, qualitativo.

Em contrapartida, para uma visão determinista, a impossibilidade faz parte do conceito de toda a tentativa.

Se Abraão não matou Isaac é porque, num fatalismo determinista, Deus nunca permitiria que tal sucedesse.

Assim, a ideia de risco afasta-se, de novo, do conceito de tentativa. A noção de tentativa impossível suscita, por consequência, a seguinte alternativa:

Se a tentativa for significativa por si, mesmo que impossível, poderemos reconstruir o ilícito (o que é proibido) prescindindo da relação de uma acção com um resultado identificativo de um dano

ou

Se toda a tentativa for impossível, numa lógica determinista, pode não se justificar a configuração da tentativa como ilícito.

No primeiro caso, a própria tentativa (possível ou não) poderá ser a forma nuclear do ilícito, desligando-se este da ideia de um resultado que, em regra constitui a base de um dano. No segundo caso, haverá forma de articular a tentativa com o ilícito referido ao dano?

V
Compatibilidade do subjectivismo com a base ética e político-criminal do Direito Penal e com os princípios do Direito Penal

Resolvamos, portanto, as duas questões implícitas.

A primeira questão é a da validade do subjectivismo em Direito Penal.

Numa perspectiva ética, o subjectivismo tem dificuldade em demonstrar o seu principal argumento – que as acções, diferentemente das suas consequências, são domináveis pela vontade –, pois também nas acções voluntárias se divisam momentos de formação da decisão não verdadeiramente controláveis e as próprias acções básicas revelam momentos objectivo-causais.

Numa perspectiva político-criminal, o subjectivismo tem contra si importantes argumentos preventivistas. A concentração da intervenção penal na contradição entre a vontade e a Ordem Jurídica anularia o estímulo à desistência da consumação do crime, estímulo que pode estar associado a uma intervenção mais tardia e à concessão ao autor de um verdadeiro *locus poenintentia*.

Mas é no plano dos princípios do Direito Penal que o subjectivismo se revela mais problemático.

Na verdade, o subjectivismo, enquanto signifique que o cerne do ilícito é a vontade contrária à norma, contradiz vários princípios.

1. Contradiz o princípio da legalidade, na medida em que a exigência de proibição prévia e expressa de condutas só adquire pleno sentido se estas forem identificadas pelo destinatário da norma e pelo Estado investido no poder punitivo do mesmo modo. E isso só é possível através de momentos externo-objectivos (comunicativos). É o *nullum crimen sine actione* (diria eu), isto é, o *nullum crimen* sem *acção externa, objectiva e comunicativa*.

2. Contradiz o princípio da necessidade da pena, na medida em que as restrições da liberdade através da punição só são justificadas pelas mais graves ofensas a bens jurídicos.

3. Contradiz o princípio da culpa, porque este pressupõe uma acção livre e criativa, de algum modo modificativa do mundo, e não apenas uma vontade negativa.

Em conclusão:

Primeiro,

os princípios do Direito Penal, que é um Direito Penal do facto, exigem uma construção do ilícito a partir da acção, da ofensa e do dano.

Segundo,

a tentativa (e a tentativa impossível) só é compatível com os princípios do Direito Penal, enquanto forma de ilícito, se se puder ainda relacionar com uma lógica de dano, através da ideia de risco.

VI
Como articular a tentativa com a ideia de dano?

Rejeitado o subjectivismo, interessa saber como se pode articular a tentativa com a ideia de dano.

A conformação da tentativa pelos princípios de Direito Penal (a legalidade, a necessidade, a ofensividade, a culpa do facto) impõe, na verdade, que o objecto de valoração do respectivo ilícito não seja a vontade contrária ao Direito, mas uma realidade que interfere de modo objectivo com direitos e bens jurídicos.

A acção típica do crime tentado tem de exprimir esta lógica objectivista.

Porém, a contraposição entre objectivismo e subjectivismo diz respeito tanto à *escolha do objecto da valoração* como ao *modo como se acede ao conhecimento dos valores, à formulação do valioso e do desvalioso.*

Deste modo, mesmo que fosse apenas a vontade contrária ao Direito o objecto da valoração na tentativa, a identificação desta reclamaria uma base objectiva (ou intersubjectiva, como diz MIR PUIG[4]) aceitável por todos – um comportamento externo reconhecível, como é pacífico exigir na doutrina penal desde BELING.

---

[4] PUIG, Mir, "Untauglicher Versuch und statische Gefährlichkeit im neuen StGB", *Festschrift für Roxin*, 2001, p. 729 e ss..

Por outro lado, a definição do que é valioso e desvalioso depende de um processo argumentativo e crítico, aberto à definição pelos sujeitos, e não de um puro realismo objectivista. Por isso, o dano pode não exprimir mais do que uma concordância sobre o valor entre os sujeitos. E tanto na ideia de ofensa como na ideia de criação de risco a finalidade da acção é sempre limitativa e identificadora.

Deste modo, o objectivismo (na definição do objecto de valoração) é mitigado, tal como o subjectivismo é limitado pelo modo de conhecimento, em concreto, de uma realidade desvaliosa.

A consequência deste entendimento é que as intenções não documentadas no comportamento externo são insusceptíveis de determinar o objecto de valoração da tentativa, por uma razão de conhecimento do desvalioso (impedindo-se o erro) e pela própria natureza do desvalor em causa – que não é apenas a vontade do agente contrária à ordem jurídica, mas um elemento relacional com os direitos e bens de outrem. Só este momento relacional permite uma *sã* articulação entre a liberdade e a responsabilidade pela afectação de bens jurídicos e direitos alheios, mantendo o *locus poenitentia*, isto é, a oportunidade de voltar atrás mesmo antes de uma ofensa ao Direito.

A articulação da tentativa com a ideia de dano surge, assim, pelo caminho deste momento relacional, de ofensividade.

VII
Actos preparatórios

Note-se que estas exigências não são negadas pela excepcional punibilidade dos actos preparatórios (artigos 21.º e, por exemplo, 271.º e 344.º do Código Penal), desde que sejam cumpridas duas condições:

1ª A não punição de actos que correspondam a meras intenções sem documentação em comportamentos externos;

2ª A existência de uma imagem social de elevada perigosidade dos actos e a intensa previsibilidade da ocorrência de dano para os bens jurídicos.

VIII
A execução do facto como conceito central do objecto de valoração de um juízo de ilicitude adequado ao Direito Penal do facto

O problema da excepcional punibilidade dos actos preparatórios alerta-nos para o reconhecimento de que o início da tentativa pressupõe algo mais do que um comportamento externo perigoso, que já se verifica também nesses actos preparatórios. Reclama uma verdadeira execução que exprima a afectação intolerável (não justificável pela liberdade do agente) de direitos e bens jurídicos.

Ora, os critérios tradicionais nem sempre atingem de modo satisfatório esse desígnio. Assim:

As concepções formais, que definem os actos executivos como sendo os que correspondem à descrição de um ou vários elementos do tipo legal de crime, na linha de BELING, em *Die Lehre vom Verbrechen*[5], propõem como critério a tipicidade que é, afinal, aquilo que pretendemos averiguar. Incorrem, pois, numa petição de princípio.

Tais concepções revelam-se, aliás, inadequadas em certos casos.

Por exemplo, *A* convence *B* de que é um seu familiar a fim de ser recebido em casa dele, para depois o persuadir de que precisa de ajuda financeira e obtê-la. Logo no primeiro momento se utiliza um meio astucioso, tal como exige o tipo da burla, mas só numa perspectiva subjectivista se poderia afirmar a tentativa já nessa altura.

Os critérios subjectivistas contrariam os princípios de Direito Penal na constituição do ilícito. Conduzem à punição de meras intenções não documentadas em factos ou de factos sem valor relacional.

Mesmo que o subjectivismo se concretize na referência à finalidade da acção, se esta é identificada apenas através do plano do agente e não se traduz em *finalidade externa*, a crítica continua a ser pertinente.

---

[5] *Die Lehre vom Verbrechen*, 1906.

Assim, confeccionar sopa envenenada só será acção final de matar numa perspectiva estritamente subjectivista, por causa do plano do agente, e não por força de um sentido objectivo-social. A sua qualificação como acto executivo, para além de tal perspectiva, depende de outras considerações, surgindo o plano do agente como mero critério interpretativo, identificador da conduta ou unificador dos vários actos, como já defendia o Professor EDUARDO CORREIA nas *Actas da Comissão Revisora do Projecto de Código Penal* de 1963.

A propósito da relação entre o conceito de acção final e a definição de tentativa, note-se, acompanhando HIRSCH[6], que as teorias subjectivistas não decorrem do finalismo nem alcançaram preponderância na Alemanha com o pensamento finalista, mas sim com o "direito penal da vontade", conotado com a doutrina penal nazi. Foi nesse contexto que se impuseram contra o objectivismo dominante até então.

Os critérios materiais objectivos, que dominaram na doutrina europeia entre finais do século XIX e princípios do século XX, através de autores importantes como VON LISZT, VON HIPPEL e GRAF ZU DOHNA[7],

---

[6] HIRSCH, "Untauglicher Versuch und Tatstrafrecht", *Festschrift für Roxin*, 2001, p. 711 e ss..

[7] VON LISZT, *Lehrbuch des deutschen Strafrecht*, 25.ª ed., por Eb. Schmidt, 1927; ZU DOHNA, *Der Aufbau der Verbrechenlehre*, 4.ª ed., 1950; VON HIPPEL, Robert, *Deutsches Strafrecht*, vol. II, *Das Verbrechen*, 1930, p. 425.

apoiam-se, por seu turno, no conceito de perigo concreto. Este, porém, revela diversas fragilidades.

O perigo concreto afasta da tentativa acções que iniciam a execução do tipo mas ainda não são causais por si, tal como o começo da ministração de veneno em doses. E, no entanto, tais condutas podem interferir com o bem jurídico de modo mais intenso (como pré--dano) do que acções como disparar sem acertar na vítima, que são indiscutíveis tentativas.

Por outro lado, identificar a tentativa pelo perigo concreto torna-a inviável nos próprios crimes de perigo concreto, confundindo-a com a consumação, o que não será aceitável.

Além disso, tal critério não permite uma distinção cabal entre actos preparatórios e executivos porque a punibilidade dos primeiros depende de uma perigosidade elevada.

Acresce que o perigo concreto parece requerer uma consideração global dos conhecimentos disponíveis sobre uma acção, cuja concretização, todavia, foi impedida por determinadas circunstâncias. E isso suscita a pergunta sobre se o perigo, como evento existencial, não está à partida anulado pelas referidas circunstâncias que obstaram à consumação.

E se, diferentemente, o perigo se pautar por um juízo *ex ante* é questionável que se refira a um verdadeiro evento e não a um mero conceito de probabilidade estatística. Neste caso, entra em crise a distinção entre perigo concreto e perigo abstracto.

No entanto, entendo que continua a ser pertinente distinguir entre o juízo de perigo e o seu objecto e reconhecer um evento de perigo numa acepção existencial, como situação com aptidão causal em certas circunstâncias.

Mas se os actos executivos forem configurados como expressão de um perigo abstracto, persiste o problema de saber se a perigosidade da acção, pressuposta à luz de regras de experiência, não impede a qualificação como tentativa de factos que, não tendo essa perigosidade típica, podem ser verdadeiramente perigosos na perspectiva do plano do agente. Assim, se o agente fechar a porta da casa da vítima à chave para a violar, não haverá, talvez, perigosidade numa lógica de perigo abstracto, mas pode existir uma afectação da segurança e uma proximidade da lesão da liberdade sexual que justifique a qualificação do facto como tentativa de violação e não apenas como sequestro.

No caso de alguém disparar a uma grande distância sobre outrem, havendo uma pequena probabilidade de acertar, também não deixará de haver actos de execução, até de acordo com um critério de perigo concreto.

Finalmente, o critério do perigo abstracto, embora subjectivado, defendido por autores como ROLF HERZBEG[8] e MIR PUIG[9], vem abranger quase sem limites situações

---

[8] HERZBERG, Rolf, "Zur Strafbarkeit des untauglichen Versuch", *Goldtdammer's archiv*, 2001, p. 257 e ss..

[9] PUIG, Mir, *text.cit.*, *loc.cit.*.

de tentativa impossível, exceptuando apenas a tentativa irreal ou supersticiosa, e permite unificar a aparência de perigo e o perigo real – o que, adianto já, é problemático ante os princípios de Direito Penal. Introduzir-se-ia, deste modo, pela via do conceito de actos executivos, uma espécie de lente que desfocaria a realização de todos os tipos puníveis como tentativas. Estes poderiam ser preenchidos tanto por acções viáveis como por acções aparentes – tornando-se o Direito Penal um Direito Penal do perigo abstracto, sem determinação típica das acções perigosas.

IX
Actos de execução e sentido do ilícito. Posição assumida

Como saldo da crítica anterior, resulta que a delimitação dos actos de execução depende de um conceito válido, material, de ilícito punível.

De acordo com os princípios de Direito Penal, não é sustentável que tal conceito se centre na pura vontade contrária à Ordem Jurídica.

Também não é apenas o dano ou o perigo concreto para os bens jurídicos que justifica a intervenção penal na tentativa. E o perigo abstracto leva longe de mais o conceito de tentativa. Já a interferência na esfera jurídica dos outros sujeitos que produza um desequilíbrio na protecção de bens essenciais da liberdade, numa lógica objectiva, mas em que o dolo do agente revele uma condução dos actos para um resultado, como defende Zaczyk[10], justifica uma antecipação da tutela penal quanto ao facto consumado.

Um tal desequilíbrio existe na fase de risco, mas não requer um conceito causal de perigo concreto. Veja-se, por exemplo, o caso da ministração de veneno para matar em pequenas doses diárias. Por seu turno, a utilização do conceito de perigo abstracto também não identifica o aspecto existencial em que assenta o início da execução típica.

A colocação da definição de actos executivos neste ponto permite uma outra abordagem da tentativa impossível. Esta pode, em certos casos, satisfazer as exigências referidas, se se traduzir numa diminuição das condições concretas de liberdade ou segurança do titular do bem jurídico protegido. Assim acontecerá, por exemplo, na tentativa de furto dirigida a um bolso vazio ou na tentativa de adquirir droga a um agente que a não possua naquele dia.

Nestes casos, a segurança da propriedade da vítima e a "segurança colectiva" foram postas em causa. Na última hipótese, o agente não deixou de alimentar a cadeia de oferta e procura do tráfico. Mas tal não

---

[10] Zaczyk, *Das Unrecht der versuchten Tat*, 1988, p. 229 e ss..

Da "tentativa possível" em Direito Penal

acontecerá nos casos de carência absoluta do objecto, de inidoneidade absoluta do meio ou de inidoneidade do próprio autor, mesmo que não sejam evidentes.

Também me afasto do Professor FIGUEIREDO DIAS[11] na reflexão sobre o ilícito da tentativa, quanto à solução de punir o agente que mantém relações sexuais com uma jovem, que ele e todos pensam ter apenas 14 anos de idade, quando, na realidade, já perfez 18 anos. Só uma lógica de perigosidade definida *ex ante*, que envolva como objecto o perigo aparente, aliada a um dolo desligado da idoneidade da acção, permite aquela conclusão.

A compreensão da tentativa a partir desta ideia de ilícito leva-me, assim, a avançar na resolução do problema da sua conexão com as ideias de dano, risco e ofensa – tarefa que uma concepção comunicativa do Direito Penal impunha, dada a articulação entre liberdade e segurança de que depende um Direito Penal do dano.

Em conclusão:

Sendo o fundamento da punibilidade da tentativa a criação dolosa de condições insuportáveis de insegurança existencial para o bem jurídico, os actos executi-

---

[11] *Formas especiais de crime. Textos de apoio*, 2004, 34.º capítulo, p. 16, em que apresenta um exemplo próximo do do texto.

vos são os que afectam a esfera de protecção do bem jurídico tipicamente protegido. A esfera de segurança do bem jurídico é o ponto de confluência entre o princípio da legalidade e o princípio da necessidade da pena, concretizado no tipo de ilícito de cada crime, à luz de uma consideração material.

As consequências desta definição de actos de executivos são, como referi, uma distinção entre tentativas impossíveis puníveis e não puníveis, numa lógica diversa da teoria da aparência ou teoria da impressão e restringindo os resultados a que esta teoria chega.

Nessa perspectiva, distinguiria, segundo a classificação antiga, os casos de carência do objecto e de inidoneidade do meio puníveis e não puníveis, do seguinte modo:

Na carência de objecto, a tentativa não será punível quando não exista interferência na esfera de protecção do bem jurídico, em qualquer alternativa de acção concebível.

Por exemplo, a tentativa de homicídio do cadáver ou de aborto de mulher não grávida não interferem na esfera de protecção do bem jurídico, contra o que diz a teoria da impressão. Mas já é diferente o caso de tentar matar uma pessoa que, por acaso, não está na cama, mas aparenta estar. Também a tentativa impossível de furto de um livro que, afinal, é próprio e não alheio não é punível, mas o furto da carteira vazia já o é.

Quanto às situações de inidoneidade do meio, distinguiria aqueles casos em que o meio, apesar de aparentar idoneidade *ex ante*, não pode realizar o facto em nenhum mundo causal alternativo. Deste modo, tentar matar com uma arma falsa e tentar matar com uma arma acidentalmente avariada ou descarregada merecem tratamento diferente. A primeira situação não é punível e a segunda sê-lo-á.

Também a tentativa de homicídio com uma substância inócua não será punível, mas a utilização de uma porção de veneno insuficiente merece solução diversa.

No que se refere ao início da execução, resulta do critério enunciado uma cláusula de exigência mínima, através do cruzamento dos princípios da tipicidade e da necessidade da pena.

Todos os conceitos de actos executivos anteriormente descritos sofrem inflexões. Os formais são comprimidos e os materiais recebem uma conotação específica através da consideração da esfera de protecção do bem jurídico.

Haverá situações de coincidência entre os critérios de perigo concreto ou abstracto e o critério que defendi, mas este expurga situações de mera aparência de perigo para o bem jurídico protegido.

Por outro lado, o plano do agente é elemento interpretativo fundamental nesta lógica de ofensividade. É ele que revela a *identidade narrativa*[12] dos diversos

---

[12] Cf. RICOEUR, *ob.cit.*, p. 439 e ss..

actos, para utilizar uma expressão cara à teoria da literatura. Permitirá, sem dúvida, fazer a correspondência entre o elemento linguístico da acção típica e os actos concretos, mas não vale, por si mesmo, fora deste papel identificador. Em casos como o do sequestro para violação, o plano do agente só permite identificar o seu comportamento como tentativa de violação se a iminência objectiva da ofensa à liberdade sexual e a firmeza do dolo o justificarem.

Finalmente, esta definição de actos de execução não é uma fórmula, mas uma apreensão do essencial (em termos de *Gestalt*) e, como refere ESPINOSA[13], do que não é (*negatio*). A fórmula só pode ser a legal. Também não se trata de um critério de antecipação da tipicidade, diferentemente do que sustenta ROXIN, pois isso desconheceria que o problema da tentativa é apenas o problema de uma relação complexa entre a variedade naturalística dos actos e a natureza conceptual da descrição da acção nos tipos legais. Tal como ensinava o Professor CAVALEIRO DE FERREIRA[14] na sua interpretação de BELING, "o tipo legal e a execução são, respectivamente, um conceito e o facto que o realiza. Por isso, este último deve abranger e abrange elementos que, em

---

[13] ESPINOSA, Bento, *Ética* (trad., introd. e notas de Joaquim de Carvalho), 1992.

[14] *Direito Penal Português*, II, 1982, p. 40; cf. ainda *A Tipicidade na Técnica do Direito Penal*, 1935, p. 14 e ss..

abstracto, conceptualmente, são meras circunstâncias acidentais e que, em concreto, integram a própria execução porque a ela inerentes e essenciais".

Assim, não há antecipação da tipicidade, mas é a natureza conceptual desta que exige uma analogia entre a *identidade narrativa* com que se descreve o facto concreto e o sentido conceptual da descrição da acção típica pelo legislador.

Roxin[15], que concebe os actos de execução a partir de um critério duplo – a actuação sobre a esfera da vítima ou do facto típico e a proximidade temporal – rejeita critérios baseados na natureza do ilícito, como os de Zaczyk, Kratzsch ou Vehling[16], que exprimem uma lógica de perturbação da esfera da vítima ou de afectação do bem jurídico por serem indeterminados e anteciparem excessivamente a tutela. Porém, os critérios de Roxin também são fórmulas interpretativas da intervenção intolerável sobre um bem jurídico e carecem de outro apoio conceptual.

Deste modo, a proximidade temporal não é apenas marcada por um tempo naturalístico (um tempo dos

---

[15] Roxin, *Strafrecht, Allgemeiner Teil*, II, 2003, p. 333 e ss..

[16] Zaczyk, *ob.cit.*, *loc.cit.*; Kratzsch, "Die Bemühungen und Präzisierung der Ansatzformel (§ 22 StGB) – ein absolute untauglicher Versuch?", *Juristische Arbeitsblätter*, 1983, p. 420 e ss. e p. 578 e ss.; Vehling, *Die Abgrenzung von Vorbereitung und Versuch*, 1991, p. 131 e ss..

relógios), mas por um tempo que integra uma lógica de unidade entre actos, continuidade e sequência. O agente que leva a criança para o local do crime para a violar pode demorar horas. No entanto, se existir uma diminuição sensível da segurança da vítima e uma constatável firmeza do dolo, tal comportamento possuirá unidade e *identidade narrativa* como tentativa. Claro que o modo como o agente conduz a criança pode revelar um dolo condicional que impede a afirmação da tentativa de violação, mas não há razão nenhuma para qualificar um arrombamento ou um escalamento de uma habitação como tentativa de furto e não qualificar aquele facto como tentativa de violação.

A adequação historicamente confirmada do arrombamento à execução do furto também se revela quanto aos modos de praticar os crimes sexuais. O privilegiamento, nos crimes sexuais, do contacto físico com a vítima – em contraste com a desvalorização do contacto com a coisa alheia no furto – será, provavelmente, produto do insuficiente desenvolvimento do valor da liberdade sexual para o Direito.

X

Explicitação metodológica do conceito de actos de execução como problema de tipicidade

Necessitaremos, agora, de fazer um ponto de ordem metodológico.

A definição de actos de execução a partir do conceito de ilícito numa lógica de princípios do Direito Penal não aspira a que abstraiamos de que se está perante um problema de interpretação dos concretos tipos de crime solicitada pelos casos reais. Isto é, pretende-se saber a partir de quando se verifica o começo da execução de acções típicas como matar, furtar e burlar, entre outras, nas particulares circunstâncias de cada caso.

Mas não há vários fundamentos conjugados para o conceito de actos de execução, uns relacionados com a proximidade dos actos típicos e outros referidos ao perigo de lesão do bem jurídico.

A delimitação dos actos de execução trata de um problema de definição da tipicidade da acção de acordo com um sentido valorativo de tipo – tipo de ilícito num sentido global, como conjunto de elementos que fundamentam a proibição.

Deste modo, a proximidade do tipo na tentativa, de que falam alguns autores (na linha do próprio BELING), só pode ser entendida como tipicidade em concreto, de acordo com o sentido do ilícito (do proibido) que a descrição típica confere, confrontada com o caso concreto.

A referência a critérios como o perigo ou o desequilíbrio entre esferas jurídicas serve apenas para determinar, para além de uma compreensão naturalística ou social dos factos, numa perspectiva valorativa de ilicitude, o início da execução típica. Trata-se de utilizar uma lógica semelhante à fórmula de Frank, segundo a qual são actos de execução aqueles que, de acordo com uma consideração natural, correspondem aos actos descritos no tipo.

Metodologicamente, o critério pelo qual se afere a prática de actos executivos é um critério de determinação da ilicitude típica e não um critério correctivo ou ampliador da tipicidade, como uma ideia de proximidade dos actos típicos sugere.

Assim, fórmulas como as que constam do artigo 22.º, n.º 2, do Código Penal não são extensivas do tipo de ilícito, como bem esclarece o Professor Figueiredo Dias[17], mas apenas da punibilidade, na medida em que implicam a punição de comportamentos que não se consumam – quando, na Parte Especial, só justificam pena os factos consumados.

Invoco, neste ponto, a fórmula de Engisch, em *Der Unrechtstatbestand im Strafrecht*[18], que refere uma extensão da pena (*Strafausdehnung*) com um fundamento diverso. Engisch pretendia que essa extensão da pena resultasse de uma fundamentação específica do ilícito (já que admitia uma função do dolo diferente na tentativa e no crime consumado). Pela minha parte,

---

[17] *Text.cit.*, 33.º capítulo, p. 5.

[18] Engisch, *Der Unrechtstatbestand im Strafrecht*, DJT-FS, I, 1960, p. 436.

Da "tentativa possível" em Direito Penal   147

apenas entendo que tal extensão significa que é admissível punir, por razões de analogia, onde haja *realização parcial do tipo de ilícito* em sentido material. O artigo 22.º constitui ainda decorrência do princípio da legalidade. É certo que permite que um *minus* seja punido; todavia, tal *minus* está incluído no *maius*.

XI
A fórmula do artigo 22.º, n.º 2, e a sua conjugação com as regras de punibilidade do artigo 23.º do Código Penal

Podemos agora compreender com clareza os critérios legais de definição dos actos executivos. São eles, para além dos que preenchem um elemento constitutivo de um tipo de crime [critério formal do artigo 22.º, n.º 2, alínea *a*)], a idoneidade para a produção do resultado [artigo 22.º, n.º 2, alínea *b*)] e a previsibilidade de uma sequência de actos que conduzam à produção do resultado [artigo 22.º, n.º 2, alínea *c*)].

A idoneidade e a previsibilidade não se referem explicitamente a qualquer critério de ilicitude material, mas representam a conexão dos actos com o tipo de ilícito. E isso impõe que a idoneidade e a previsibilidade se afiram por uma ideia geral de ilícito.

Actos "idóneos" são apenas os susceptíveis de lesar o bem jurídico protegido, por se enquadrarem nas modalidades típicas da acção, criando, por exemplo, um risco proibido.

Na alínea *a*) do n.º 2 do artigo 22.º, o indiscutível preenchimento do tipo dispensa o apelo a um critério autónomo, mas não prescinde de uma interpretação do sentido do ilícito típico, como demonstra o exemplo do emprego de astúcia para se ser recebido em casa de quem se pretende mais tarde burlar.

A definição de actos executivos no Código Penal está indissoluvelmente associada à solução consagrada no artigo 23.º, n.º 3, que decreta a punibilidade da tentativa impossível idónea *ex ante* segundo um critério de aparência ou impressão. Esta via afasta, na verdade, qualquer solução de tipicidade autónoma da tentativa impossível. Com efeito, constituiria contradição sistemática insanável que se exigisse a idoneidade de tipo causal na tentativa possível e se dispensasse tal idoneidade na tentativa impossível, concluindo que ambas co-existem como tentativas puníveis.

Não se pode utilizar, por exemplo, o perigo concreto como critério de tipicidade dos actos de execução e prescindir dele na tentativa impossível, abrigando, sob o tecto da punibilidade, tentativas possíveis e impossíveis.

Aliás, como o artigo 23.º nem sequer exclui do âmbito da punibilidade a tentativa impossível por absoluta inexistência do objecto ou inidoneidade da acção, se uma e outra não forem manifestas – recorrendo à teoria da impressão –, só resta concluir que o início da execução dispensa uma lógica de causalidade efectiva e de perigo existencial e se modela por uma aparência, *ex ante*, da idoneidade ou da previsibilidade de sucessão de actos idóneos.

Esta solução permite antecipar a intervenção penal para uma fase de aparência, podendo até reduzir o âmbito da desistência relevante. Assim, por exemplo, se *A* disparar contra *B* com uma arma encravada e decidir suspender depois a execução, dificilmente se conceberá uma desistência, visto que já concluiu uma tentativa e nem sequer é configurável um "esforço sério" para impedir a consumação, ou seja, uma desistência voluntária activa. Mas se *A* disparar com uma arma que funciona, falhar e renunciar a um segundo tiro, já poderá afirmar-se uma desistência voluntária passiva no sentido do artigo 24.º.

É a ideia de tentativa impossível em sentido amplo, embora idónea *ex ante*, que comanda o conceito geral de tentativa e traça as fronteiras da sua punição.

E é inevitável que assim suceda sempre que a tentativa impossível for punida como tentativa sem qualquer especialidade.

Mas será constitucionalmente aceitável uma antecipação da punibilidade da tentativa com a amplitude prevista no n.º 3 do artigo 23.º do Código Penal?

XII
A constitucionalidade do artigo 23.º, n.º 3, do Código Penal

A resposta à questão colocada indica que, não havendo na tentativa impossível por absoluta inexistência do objecto ou inidoneidade do meio (mesmo que haja aparência do contrário) qualquer interferência na esfera de protecção de bens jurídico, a mera impressão de insegurança não é fundamento aceitável da punibilidade, perante o artigo 18.º, n.º 2, da Constituição.

Por outro lado, as hipóteses de inidoneidade do sujeito (no caso dos crimes específicos), mesmo que haja aparência da qualidade ou da relação típica, também não ilustram uma interferência na esfera de protecção dos bens jurídicos. Assim, ao contrário do que, segundo me parece, defende o Professor FIGUEIREDO DIAS[19], o arrumador de uma instituição pública que pensa que é funcionário público, e tenta praticar factos que corresponderiam a uma corrupção passiva, não pratica uma tentativa impossível punível, mesmo que o critério da aparência do n.º 3 do artigo 23.º aponte tal solução.

Aliás, entendo que já uma interpretação *a contrario sensu* do artigo 23.º, n.º 3, permite concluir que este caso não se encontra entre as situações de tentativa impossível punível, pois não corresponde a uma hipótese

---

[19] *Text.cit.*, 34.º capítulo, p. 15.

de aparente existência do objecto ou idoneidade do meio. Deste modo, contrariaria o princípio da legalidade incluir este caso no âmbito da tentativa punível. E a interpretação sufragada pelo Professor FIGUEIREDO DIAS, que considera que o artigo 23.º, n.º 3, equipara, em geral, tentativas possíveis e impossíveis e nega apenas a punibilidade em certos casos de tentativa impossível (por manifesta inexistência do objecto ou inidoneidade do meio), não me parece concordante com a Constituição. Na verdade, tal interpretação inverte uma equiparação excepcional, e não geral, da tentativa impossível à tentativa possível imposta pelo princípio da necessidade da pena.

Por outro lado, tal como refere BOTTKE[20],até se pode questionar, mais radicalmente, se a Constituição consente que a paz jurídica e a confiança no Direito, que não constituem verdadeiros bens jurídicos, sejam equiparados, por exemplo, à vida e à integridade física.

E mesmo nos casos de tentativa relativamente impossível, em que se regista uma afectação da segurança e da liberdade do titular dos bens protegidos, não deixará de se impor uma atenuação da pena, ou melhor, uma segunda atenuação especial, na medida em que só se verifica uma perturbação superficial da esfera de protecção dos bens jurídicos.

---

[20] BOTTKE, "Untauglicher Versuch und freiwilliger Rücktritt", em *50. Jahre Bundesgerichtshof, Festgabe aus der Wissenschaft*, vol. 4, 2000, p. 135 e ss..

A redução do âmbito da punibilidade decretada pelo artigo 23.º, n.º 3, é, por isso, a consequência inevitável da conjugação do conceito de tentativa com um sentido material de ilícito imposto pelos princípio constitucional da necessidade da pena.

XIII
O papel da decisão criminosa
na configuração do ilícito da tentativa

A configuração do ilícito da tentativa que fui obtendo a partir da reflexão sobre o fundamento da sua punibilidade confronta-se, agora, com a seguinte pergunta: se a razão por que se pune a tentativa não é, em si a contradição entre uma vontade e a Ordem Jurídica, mas a interferência com a liberdade e a segurança dos titulares de bens jurídicos protegidos, não será dispensável o dolo como elemento do tipo da tentativa?

A resposta é negativa por três razões:

Em primeiro lugar, a decisão do agente é um critério essencial, embora não exclusivo, que permite identificar a realização de um facto típico como matar, burlar ou furtar e, simultaneamente, restringe as possibilidades de qualificação da acção em face da ausência do resultado típico. Assim, atirar uma pessoa ao chão só é qualificável como ofensa corporal ou tentativa de violação em função do dolo de crime consumado.

Em segundo lugar, a tentativa exprime razões de intervenção penal distintas dos crimes de perigo, o que se reflecte na medida da pena, geralmente mais grave. Assim, há uma relação de subsidiariedade entre os crimes de perigo e os correspondentes crimes de dano, mesmo na forma tentada. Por isso, o dolo do crime consumado contribui para uma especial antecipação da tutela penal.

Em terceiro lugar, a genérica punibilidade de uma tentativa negligente não seria compatível com a punição da negligência no crime consumado apenas nos casos especialmente previstos (artigo 13.º do Código Penal). Uma tal solução iria contrariar até o princípio da legalidade.

Mas não sendo o dolo dispensável, será concebível a tentativa com mero dolo eventual?

A questão surge porque se pode exacerbar o papel da intenção na tentativa, com o argumento de que, sem produção do resultado típico, se concentra o fundamento do ilícito na contradição entre a intenção e a Ordem Jurídica – na linha de ENGISCH. Nessa perspectiva, poderia dizer-se que só o dolo directo revelaria com suficiente intensidade tal contradição, como defende, entre nós, o Professor FARIA COSTA[21].

No entanto, para quem considere que o fundamento do ilícito na tentativa é a realização incompleta do fac-

---

[21] COSTA, Faria, "Tentativa e dolo eventual", *Estudos em homenagem a Eduardo Correia,* I, 1984, p. 757 e ss..

to típico doloso, a criação pelo agente do desequilíbrio entre os seus bens e os bens da vítima (elemento relacional da ilicitude), não se justifica excluir qualquer espécie de dolo.

O dolo eventual revela a aceitação do risco de lesão dos bens jurídicos e o controlo do sentido da acção pelo agente. Cumpre o papel de identificação da acção típica.

Por fim, o dolo eventual pode ainda ser descrito como comportamento intencional, por revelar que o agente não renuncia a uma conduta passível de conduzir ao resultado típico, incluindo-a na base da sua decisão. É ainda a vontade positiva do agente que explica a realização da conduta e não uma mera falta de vontade associada à ausência de actuação cuidadosa.

XIV
O ilícito da tentativa é anulado pela desistência voluntária?

O edifício do ilícito da tentativa – elaborado para justificar a sua punição – entra em colapso (a sua persistência fica em crise) com a desistência voluntária (artigos 24.º e 25.º do Código Penal).

A relevância da desistência voluntária explica a diferença essencial entre tentativa e crime consumado, tal como se poderá dizer, numa lógica de romance, que o fim da história lhe determina o sentido.

Tem pertinência apelar aqui, como faz o Professor FIGUEIREDO DIAS[22], à ideia de LANG-HINRICHSEN, segundo a qual o facto é constituído pela tentativa e pela respectiva desistência (embora tal ideia esteja associada ao alargamento da base de avaliação da tentativa, que surge como processo dinâmico de transformação da vontade – esta começa por ser dirigida contra um bem jurídico e converte-se em vontade de impedir a sua lesão).

A justificação da impunidade é que o agente, ao regressar à legalidade, "repara integralmente" a ameaça produzida na Ordem Jurídica (se o não fizer, será punido pelas ofensas que subsistirem). Por conseguinte, deixa de ser preciso punir o agente (de acordo com o princípio da necessidade da pena), porque este anula o sentido do seu facto, quando isso bastar para impedir a consumação (desistência passiva), ou evita o resultado, quando tal for indispensável (desistência activa). A *anti-ilicitude* e a *anti-culpa*, para utilizar a expressão de WEINHOLD, minam a necessidade da intervenção penal orientada para a protecção de bens jurídicos.

A voluntariedade não depende de um impulso moral positivo. Basta-se com uma conduta reconhecida como expressão de liberdade, embora possa basear-se numa ponderação egoísta. Contudo, a desistência livre tem de

---

[22] *Text.cit.*, 35.º capítulo, p. 3.

assumir um significado reparador, o que não acontece quando o ladrão vê o polícia aproximar-se e não continua a abrir a porta do automóvel que pretendia furtar. Nessa hipótese, a consumação, o aproveitamento ou a impunidade tornam-se inviáveis ou problemáticas.

Embora ainda se possa dizer, numa certa acepção, que o agente foi livre, terá de concluir-se que há uma redução intensa das condições de viabilidade dos seus actos que impede que a desistência seja considerada um regresso reparador à legalidade.

A esta luz não duvido de que, caso se pudesse qualificar como tentativa de homicídio o sacrifício de Isaac por Abraão, teria havido uma desistência voluntária que lhe anulou o sentido. É certo que Abraão era um homem religioso. No entanto, mesmo que tenha desistido por obediência a Deus e não por arrependimento, terá interpretado e aceitado livremente a vontade divina, construindo a sua existência e não agindo como mero autómato. Já nos casos de agentes fungíveis de aparelhos de poder a desistência por revogação de uma ordem pode ter um significado diverso.

Todavia, o caso de Abraão revela-nos que, mesmo sendo a liberdade na desistência vivida como modificação do interesse ou da oportunidade dos actos, é decisivo para o Direito que o agente se possa conceber como ser livre, actuando segundo o seu desejo. Não interessa que Abraão faça tudo o que Deus ordena, mas sim que a revogação da ordem divina seja, como diz

KIERKEGAARD, o seu mais profundo desejo. Assim, a desistência voluntária como critério de impunidade há-de radicar também no sentido último de um ilícito de dano.

A qualificação da desistência como causa de exclusão da culpa ou da punibilidade não é questão decisiva. A desistência voluntária reescreve a história inicial. Não a apaga, mas compensa-a.

São, em conjunto, razões de redefinição do valor da acção, de modificação da culpa e de necessidade da pena que justificam ou impõem mesmo a impunidade. Porém, a necessidade da pena é o critério decisivo.

A possibilidade de a desistência voluntária na tentativa não conduzir à exclusão da pena parece, assim, uma reminiscência de uma concepção retributiva e não reparadora. Nessa medida, não vejo qualquer vantagem num regresso à *Theresiana*, como defende JÚLIO GOMES num bem elaborado estudo.

A desistência voluntária como causa de exclusão da responsabilidade penal não é expressão de uma excrescência como parece defender JÚLIO GOMES[23], perfilhando a ideia de uma autora alemã, PUPPE. A desistência voluntária reflecte antes a lógica da narrativa nos juízos de valor. Trata-se do reconhecimento de que o Direito Penal não é – pelo menos para excluir a pena – uma

---

[23] GOMES, Júlio, "A Desistência da Tentativa", em *Novas e Velhas Questões*, 1993, p. 164.

mera técnica de definição de factos. O Direito Penal formula um juízo ético não autoritário sobre o real e vive intensamente a sua excepcionalidade e sua amarga necessidade.

Como no conto de Natal de DICKENS, a verdadeira história de Scrooge não é uma história de avareza, mas, por causa do seu final, de redenção.

XV
A tentativa pode ou deve ser punida com a pena do crime consumado?

Estou agora em condições de afirmar se a tentativa pode ou deve ser punida como o crime consumado.

De acordo com o que disse antes, a resposta é negativa. O ilícito da tentativa depende do ilícito do crime consumado, mas tem uma intensidade diminuída. O fundamento do ilícito da tentativa não é uma vontade contrária ao Direito, mas a produção de um efeito específico de perturbação da Ordem Jurídica.

Uma solução de mera atenuação especial facultativa da pena do crime tentado violaria também vários princípios constitucionais:

a) O princípio da legalidade, na medida em que seria o tribunal a determinar não só a pena concreta, mas a aplicabilidade de uma ou outra moldura penal, conforme o seu arbítrio.

Da "tentativa possível" em Direito Penal   159

b) O princípio da proporcionalidade, visto que admitiria a aplicação da pena do crime consumado a um facto tentado, equiparando ambos os ilícitos, o que não resulta da natureza geral do ilícito criminal, assente no primado do dano e da ofensividade.

XVI
Conceito material de tentativa e sua relevância para o conceito de ilícito em Direito Penal

A questão inicial sobre as razões da punição da tentativa abriu-nos o horizonte sobre o sentido material do ilícito criminal, como ofensa do equilíbrio na protecção jurídica dos bens essenciais da liberdade conferida a cada sujeito. Acentuei a dimensão de ofensividade do ilícito, mesmo quando o dano não é atingido.

Mas a relação da tentativa com o conceito geral de ilícito conduziu-me também a uma concepção material de tentativa. Essa relação fornece, pelo menos, limites materiais à tentativa que se repercutem nos crimes de perigo. Assim, é duvidoso que estes crimes comportem tentativa, à luz de uma lógica relacional de ofensividade, embora a tentativa seja formalmente concebível segundo uma interpretação literal do artigo 22.º.

Mas é verdade que certos crimes de perigo comportam um início de execução que gera logo um ambiente de risco em redor dos bens jurídicos e documenta a ofensividade. Isso é visível nos crimes de perigo concreto e é ainda aceitável em crimes de perigo abstracto, sobretudo através da punição expressa de actos preparatórios, que podem constituir tentativas de crimes de perigo (e empreendimento) em sentido material.

No entanto, a mera perturbação da esfera do tipo, como propõe Roxin[24], corresponde a uma antecipação excessiva da tutela. A aplicação do critério de delimitação dos actos executivos que sustentei permitirá enquadrar alguns casos de tentativa de crimes de perigo. Noutros casos, porém, a identificação de uma tentativa equivaleria a uma antecipação da tutela penal contra os princípios constitucionais da necessidade da pena e da ofensividade, em articulação com o fim de defesa dos bens jurídicos.

Há, assim, uma vinculação material do ilícito da tentativa que se repercute na tipificação dos crimes de perigo e condiciona a possibilidade de eles serem cometidos na forma tentada.

A lógica que subjaz à concepção de actos executivos, pelas suas ligações sistemáticas ao conceito de ilícito criminal, supera o âmbito da tipicidade do crime tentado e permite questionar, em geral, a legitimidade da antecipação da tutela penal.

---

[24] *Ob.cit.*, p. 362 e ss. e p. 395 e ss..

Há, aliás, uma conexão relevante entre a tentativa e os crimes de perigo abstracto. Nestes crimes, em homenagem aos princípios da necessidade da pena e da culpa, é admissível uma contraprova do perigo que demonstre que a conduta era, em absoluto, insusceptível de criar risco para os bens jurídicos. Ora, também não deve ser punível como tentativa (impossível) uma acção perigosa em abstracto, mas sem qualquer substrato de afectação de bens jurídicos.

Porém, nada disto faz da tentativa a forma nuclear do ilícito criminal. A tentativa constitui apenas um grau menos intenso desse ilícito e o limite inferior da intervenção penal.

De acordo com o princípio da necessidade da pena, a punibilidade da tentativa há-de pressupor uma ponderação entre a liberdade e a segurança. E tal ponderação apenas justifica a punição da tentativa num estado adiantado de ameaça, relativo às ofensas mais graves, e desde que não haja uma desistência voluntária compensadora.

XVII
O ilícito da tentativa e as formas especiais de cometimento do facto típico

A previsão generalizada da tentativa leva-nos a confrontar o conceito de actos executivos com várias formas especiais de conduta punível.

O conceito de execução que dá corpo à tentativa impõe um início de realização do facto típico à luz de critérios de ilicitude material. Assinalar esse início nas *actiones liberae in causa* ou nas omissões é especialmente difícil.

No primeiro caso, não me parece bastar, ao contrário do que pretende o Professor FIGUEIREDO DIAS, a autocolocação do agente em estado de inimputabilidade[25], embora formalmente o artigo 22.º, n.º 2, alínea *c*), pareça não excluir essa possibilidade. Terá de existir uma interferência com a esfera da vítima ou com os bens jurídicos protegidos, o que pode acontecer antes da prática dos actos idóneos, como disparar ou lançar fogo, mas requer sempre a iminência, sem controlo, desses actos.

Nas omissões impuras, por seu lado, a tentativa só se inicia quando, para além da violação do dever de agir, concretizada na não assistência pelo agente investido na posição de garante, se agravar a posição do bem jurídico no sentido da lesão pressuposta pelo crime consumado. Assim, por exemplo, a mãe que sair de casa poderá encetar a execução de um infanticídio quando se tornar inviável regressar (como aconteceu no caso trágico de uma jovem portuguesa residente na Suíça) ou demorar tempo suficiente para que a vida do seu filho comece a ser posta em causa.

---

[25] *Text.cit.*, 34.º capítulo, p. 17.

XVIII
A tentativa na comparticipação criminosa

Um problema especial que se coloca é o de saber se na autoria mediata e na co-autoria o conceito de actos executivos se poderá desmaterializar de tal forma que a ideia de afectação da segurança e de perigo para os bens jurídicos justifica uma tentativa sem verdadeira acção de cada comparticipante. Já há tentativa quando, por exemplo, o autor mediato induz em erro o autor imediato ou quando um dos co-autores aponta a arma ao "caixa" do banco, mas os outros ainda não retiraram o dinheiro do balcão?

A resposta a este problema depende de dois pressupostos aparentemente antinómicos. O primeiro resulta do carácter global da execução e implica que esta se inicie quando o facto unitário se desencadeia. O segundo advém do carácter pessoal da responsabilidade e obriga a que o facto seja atribuível a cada comparticipante como *seu*.

Isto significa, na autoria mediata, que a tentativa não se verifica só quando o autor material inicia por si mesmo a execução, mas já quando o autor mediato põe em marcha a execução pelo autor mediato, promovendo uma interferência lesiva com os bens jurídicos. Por exemplo, o autor mediato abandona o inimputável, ao qual ordena que incendeie a mata, no local do crime, com a bomba incendiária, ou entrega a seringa, contendo um veneno letal, à enfermeira, para que esta ministre, logo a seguir, uma injecção à vítima. Nestes casos, o desencadeamento do processo lesivo à luz do artigo 22.º, n.º 2, alínea *c*), define o início de execução, tal como se o autor mediato fosse co-autor. Sem um tal desencadeamento – imparável, a não ser pela desistência do próprio autor imediato –, a tentativa inicia-se com os actos de execução do autor material. Assim, por exemplo, um adulto que manda uma criança subtrair a carteira a um transeunte, no esquema apresentado por DICKENS em *Oliver Twist*, não dá início à execução do crime se a criança nada fizer.

Na co-autoria, o que se disse significa que qualquer dos co-autores pode iniciar a execução global, detendo os restantes o domínio do facto pela perspectiva do seu apoio. Não é exigível que cada co-autor tenha já prestado a sua contribuição, mas apenas que a perspectiva dessa contribuição se mantenha presente, sem que ele tenha decidido desistir, para que a imputação do facto "global" se justifique.

XIX
Do paradoxo de Abraão ao quadro de MAGRITTE

Se resolver casos é sempre o difícil desígnio do Direito Penal, é mais difícil ainda resolver paradoxos.

Em toda a tentativa há um certo mistério – o mistério do inacabado e, por isso, os critérios confrontam-se, por vezes, com o paradoxo.

Mas seguramente Abraão cometeu tentativa de homicídio quando ergueu o cutelo. No caminho para Moriah, porém, nem o dolo estava bem definido (haveria dolo condicional) nem a ofensa nos era revelada inequivocamente pela conduta.

No momento em que Abraão ouve o anjo, a tentativa é superada pela desistência voluntária.

A tentativa de Abraão não foi impossível, apesar do plano de Deus, porque nunca nos é dito que Abraão não era livre – a única coacção a que se submetia era a do amor a Deus e a Isaac.

Se Abraão fosse um agente obcecado, apesar de ainda imputável, talvez nos confrontássemos com um caso anómalo e complexo de tentativa impossível, em que a revogação da ordem seria intrínseca ao processo iniciado pelo autor moral – uma espécie de *agent provocateur*. O plano de Deus, ou o determinismo, noutra perspectiva, converteriam o mistério do inacabado na tentativa numa impossibilidade que justificaria até a impunidade da tentativa em geral. Mas a aceitação da liberdade, da responsabilidade e do poder da acção relativiza e limita a impossibilidade, permitindo-nos conceber mundos alternativos em que o resultado se verificaria e que, como no quadro de Magritte, agem surrealmente sobre o real, condicionando-o de modo mais ou menos relevante.

A punição da tentativa só se pode basear nesta actuação intensa sobre a realidade, sobre a vítima – o titular dos bens – e sobre as suas liberdades e condições de segurança.

Na tentativa, o visível falhanço da consumação é submerso pela afirmação de que a conduta orientada para um fim afecta as liberdades individuais e os bens que, como disse KANT[26], cumpre ao Direito assegurar. É nesta lógica *surreal* que o Direito se afirma ainda validamente.

Assim canta, também, MÁRIO DE SÁ CARNEIRO:

> Entanto nada foi ilusão!

Duas grandes conclusões retiro da minha análise:

Em primeiro lugar, perpassa hoje pelo conceito de tentativa um Direito Penal da aparência que só se justifica por uma redução dos valores a uma totalidade

---

[26] Refiro-me à definição dada por KANT ao Direito n'*A Metafísica dos Costumes*. Cf. KANT, Immanuel, *A Metafísica dos Costumes* (trad. José Lamego), 2005, p. 43. "O Direito é, pois, o conjunto das condições sob as quais o arbítrio de cada um pode conciliar-se com o arbítrio de outrem segundo uma lei universal da liberdade".

social homogénea ou por uma concepção preventivista baseada na impressão, mas sem base empírica sólida.

Em segundo lugar, a história de Abraão, em conexão com a desistência voluntária, sugere que os juízos penais têm de assentar sobre uma *identidade narrativa* dos factos concretos. Essa *identidade narrativa* deve estar aberta a uma reconfiguração – à rectificação, como diz RICOEUR. Até ao fim, tudo pode ser redefinido como acreditou Abraão.

ÍNDICE
do texto escrito da Lição proferida

I. *Colocação do problema* 117

II. *Dependência do problema do fundamento da punição da tentativa do conceito lógico-linguístico de tentativa* 121

III. *Configurações da tentativa e sistema penal. Há um conceito material de tentativa imposto pelo sistema de princípios e valores do Direito Penal?* 125

IV. *O confronto da justificação da antecipação da tutela penal através da ideia de risco com a tentativa impossível* 126

V. *Compatibilidade do subjectivismo com a base ética e político-criminal do Direito Penal e com os princípios do Direito Penal* 128

VI. *Como articular a tentativa com a ideia de dano?* 130

VII. *Actos preparatórios* 132

VIII. *A execução do facto como conceito central do objecto de valoração de um juízo de ilicitude adequado ao Direito Penal do facto* 132

IX. *Actos de execução e sentido do ilícito. Posição assumida* 137

X. *Explicitação metodológica do conceito de actos de execução como problema de tipicidade* 144

XI. *A fórmula do artigo 22.º, n.º 2, e a sua conjugação com as regras de punibilidade do artigo 23.º do Código Penal* 147

XII. *A constitucionalidade do artigo 23.º, n.º 3, do Código Penal* 150

XIII. *O papel da decisão criminosa na configuração do ilícito da tentativa* 152

XIV. *O ilícito da tentativa é anulado pela desistência voluntária?* 154

XV. *A tentativa pode ou deve ser punida com a pena do crime consumado?* 158

XVI. *Conceito material de tentativa e sua relevância para o conceito de ilícito em Direito Penal* 159

XVII. *O ilícito da tentativa e as formas especiais de cometimento do facto típico* 161

XVIII. *A tentativa na comparticipação criminosa* 163

XIX. *Do paradoxo de Abraão ao quadro de MAGRITTE* 164

BIBLIOGRAFIA GERAL

Actas das Sessões Comissão Revisora do Código Penal, 1963, Parte Geral, vol. I e II

ALWART, Heines – *Strafwürdiges Versuch*, 1981.

ANSCOMBE, G. E. M. – *Intention*, 2.ª ed., 1963.

BAUMGARTEN, J. – *Versuch der Verbrechen – Criminalitische Studien*, 1888.

BECK, Wolfgang – *Unrechtsbegründung und Vorfeldskriminalisierung*, 1992.

BELING, Ernst – *Die Lehre vom Tatbestand*, 1930.

BELING, Ernst – *Die Lehre vom Verbrechen*, 1906.

BOTTKE, Wilfried – "Untauglicher Versuch und freiwilliger Rücktritt", *50. Jahre Bundesgerichtshof, Festgabe aus der Wissenschaft*, vol. 4, 2000, p. 135 e ss..

CORREIA, Eduardo – *Actas da Comissão Revisora*, 1965.

COSTA, José de Faria – "Tentativa e Dolo Eventual", *Estudos em homenagem a Eduardo Correia*, I, 1984, p. 757 e ss..

COSTA, José de Faria – "Tentativa e dolo eventual", separata do *Boletim da Faculdade de Direito de Coimbra*, 1984.

DANTO – *Analytical Philosophy of Action*, 1973.

DIAS, Augusto Silva – *"Delicta in se" e "Delicta mera prohibita", uma análise das descontinuidades do ilícito penal moderno à luz da reconstrução de uma distinção clássica* (dissertação), 2004.

DIAS, José de Figueiredo Dias – *Formas especiais do crime*, Textos de apoio, 2004.

DOHNA, Alexander (Graf zu) – *Der Aufbau der Verbrechens Lehre*, 4.ª ed., 1950.

DUFF, R. A. – *Criminal Attempts*, 1996.

ENGISCH, Karl – "Der Unrechtstatbestand im Strafrecht, Eine Kritische Betrachtung zum heutigen stand der Lehre von der Rechtswidrigkeit im Strafrecht", *Hundert Jhare Deutsches Rechtsleben*, vol. I, 1960, p. 401 e ss..

FEINBERG, Joel – *Harm to Others, The Moral Limits of Criminal Law*, 1984.

FERREIRA, Manuel Cavaleiro de – *A tipicidade na técnica do Direito Penal*, 1935.

FERREIRA, Manuel Cavaleiro – *Direito Penal Português*, II, 1982.

GOMES, Júlio –*A Desistência da Tentativa. Novas e Velhas Questões*, 1993, n.º 35.

HART, N. H. – *Essays on Jurisprudence and Philosophy*, 1983.

HERZBERG, Rolf Dietrich – "Grund und Grenzen der Strafbefreiung beim Rücktritt vom Versuch, von der Strafzwecklehre zur Schulderfüllungstheorie", *Festschrift für Karl Lackner*, 1987, p. 325 e ss..

HERZBERG, Rolf Dietrich – *Zur Strafbarkeit des untauglichen Versuch, Goldtdammer's archiv*, 2001, p. 257 e ss..

HIPPEL, Robert von – *Deutsches Strafrecht*, vol. II, *Das Verbrechen*, 1930.

HIRSCH, Hans-Joachim – "Untauglicher Versuch und Tatstrafrecht", *Festschrift für Roxin*, 2001, p. 711 e ss..

HORN, Eckard – *Konkrete Gefährdungsdelikte*, 1973.

HUSAK, Douglas N. – "The Nature and Justificability of Nonconsummate Offenses", *Arizon Law Review*, 1995, p. 151 e ss..

JORDÃO, Levy Maria – *Commentario ao Código Penal Portuguez*, 1853.

KANT, Immanuel – *A Metafísica dos Costumes* (trad. port. de José Lamego), 2005.

KENNY, Anthony – *Freewill and Responsability*, 1975.

KENNY, Anthony – *Will, Freedom and Power*, 1995.

KIERKEGAARD, Sören – "Elogio de Abraão", *Temor e Tremor*, 1843 (trad. port. de Maria José Marinho), 2.ª ed., 1990.

KRATZSCH, Dietrich – "Die Bemühungen und Präzisierung der Ansatzformel (§ 22 StGB) – ein absolut untauglicher Versuch?", *Juristische Arbeitsblätter*, 1983, p. 420 e ss. e p. 578 e ss..

KÜHL, Kristian – "Grundfälle zur Vorbereitung, Versuch Vollendung und Beendigung", *Juristische Schulung*, 19, 20, 21 e 22, respectivamente pp. 718 e ss., 874 e ss., 650 e ss., 811 e ss., 111 e ss., 193 e ss. e 189 e ss..

LANG-HINRICHSEN, Dietrich – "Bemerkungen zum begriff der "Tat" im Strafrecht unter besonderer Berücksichtung der Strafzumessung des Rückttrits und der tätigen Reue beim Versuch und Teilnahme (Normativer Tatbegriff)", *Festschrift für Engisch*, 1969, p. 353 e ss..

LEVENSON, John D. – "The Death and Ressurection of the Beloved Son", *The Transformation of Child Sacrifice in Judaism and Christianity*, 1993.

LISZT, Frank von – *Lehrbuch des Deutschen Strafrecht*, 2.ª ed., 1884, 22.ª ed., 1919, 25.ª ed. por Eb. Schmidt, 1927.

MALITZ, Kirsten – *Der untaugliche Versuch beim unechten Unterlassungsdelikte*, 1998.

MELLO FREIRE, Pascoal José de – *Instituições de Direito Criminal Português*, trad. do latim de Miguel Pinto Meneses, *BMJ*, 1966, n.ºs 155 e 156.

MENDES, Paulo de Sousa – *"Ambulare cum telo* era tentativa de homicídio?", *Liber Discipulorum para Figueiredo Dias*, 2003, p. 165 e ss..

MIR PUIG – "Untauglicher Versuch und statische Gefährlichkeit im neuen StG", *Festschrift für Roxin*, 2001, p. 729.

MITTERMAIER, Carl Josef Anton – "Beiträge zur Lehre vom Versuch der Verbrechen", *Neues Archiv des Criminalrechts*, vol. 1, 1816/1817.

NORMANDO, Vito – *L'istigazione – I problemi generali della fattispecie ed i rapporti con il tentativo*, 1995.

ORTOLAN, J. – *Élements de Droit Penal*, 4.ª ed., 1875.

PERTILE, António – *Storia del Diritto Italiano*, vol. V, 2.ª ed., 1892.

PINTO, Basílio Alberto de Sousa – *Direito Criminal*, 1845.

RANKE-HEINEMANN – *Nein und Amen, Anleitung zum Glaubenszweifel*, 1992.

RICOEUR, Paul – *Temps et récit, 3. Le temps raconté*, 1985.

RICOEUR, Paul – *O Discurso da Acção* (trad. port. de Artur Morão), 1988.

ROSSI, M. P. – *Traité de Droit Penal*, 1835.

ROXIN, Claus – "Über den Strafgrund des Versuchs", *Festschrift für Haaro Nishihara*, 1998, p. 158 e ss..

ROXIN, Claus – *Strafrecht Allgemeiner Teil*, vol. 2, 2003, p. 330 e ss..

RUDOLPHI, Hans Joachim – "Zur Tatbestandsbezogenheit des Tatherrschaftsbegriffs bei der Mittäterschaft", *Festschrift für Bockelmann zum 70 Gerburtstag*, 1979, p. 369 e ss..

SCHAFFSTEIN, Friedrich – *Die Allgemeinen Lehren vom Verbrechen, In Ihrer Entwicklung durch die Wissenschaft des Gemeinen Strafrechts*, 1973.

SCHILLING, Georg – *Der Verbrechensversuch des Mittäters und des mittelbaren Täters*, 1975.

STRATENWERTH/KUHLEN – *Strafrecht, Allgemeiner Teil*, 5.ª ed., 2004.

TUGENDHAT, Ernst – *Vorlesungen über Ethik*, 1993.

VALDÁGUA, Conceição – *O início da tentativa do co-autor*, 1987.

VEHLING, Karl-Heinz – *Die Abgrenzung von Vorbereitung und Versuch*, 1991.

WRIGHT, Georg Henrik von – *Varieties of Goodness*, 1963.

ZACZYK, Rainer – *Das Unrecht der versuchten Tat*, 1988.

ÍNDICE GERAL

Da "tentativa possível" em Direito Penal

Versão escrita preparatória da Lição	9
Índice	111
Texto escrito da Lição proferida	115
Índice	169
Bibliografia geral	171
Índice geral	175